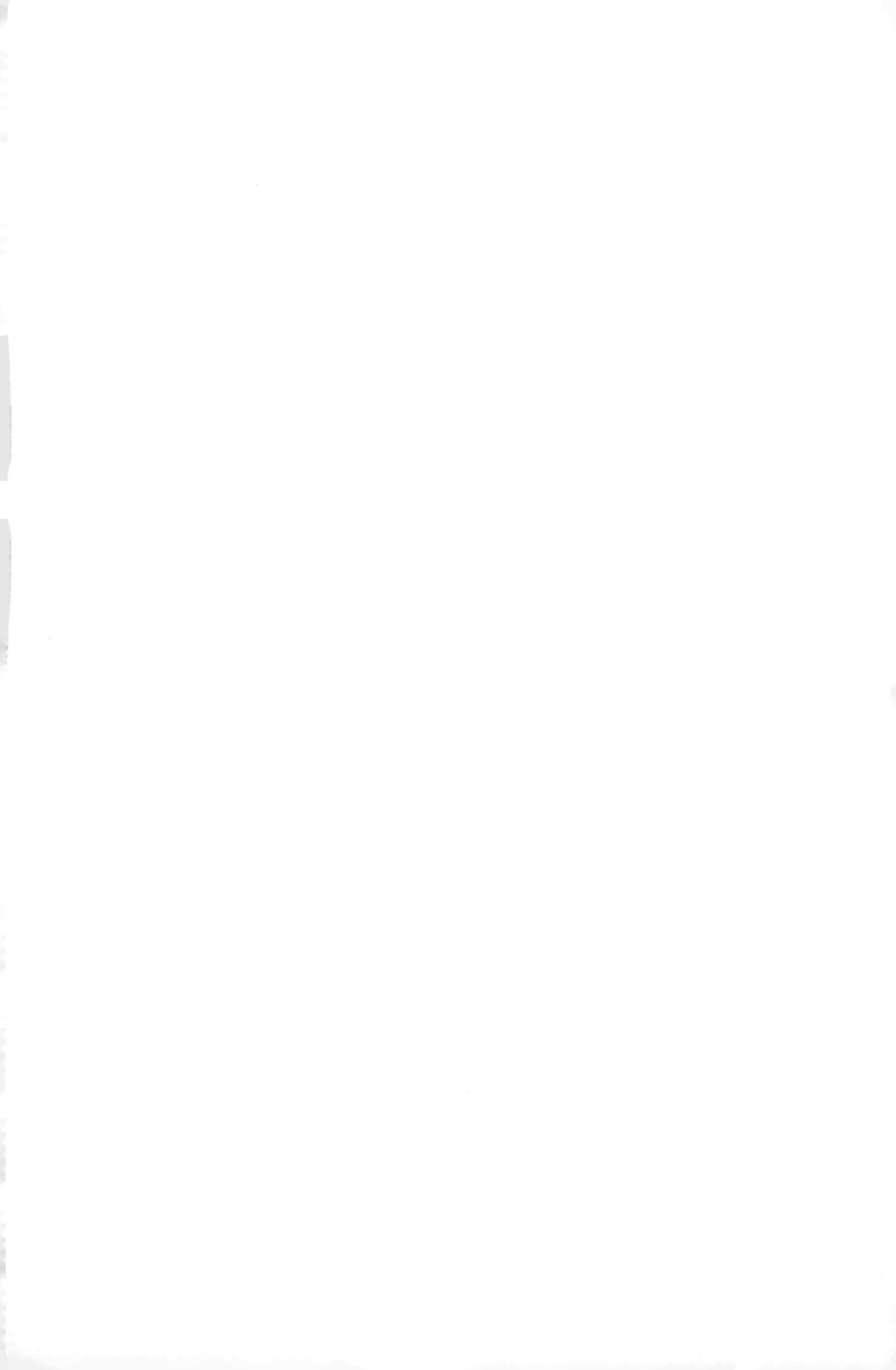

掌握貓特質，
讓你活得自信、自由、自在

貓是最好的
人生教練

AGIR ET PENSER COMME UN CHAT

Stéphane Garnier
史蒂芬・嘉涅——著
梁若瑜——譯

推薦序

貓不說話，但牠什麼都知道

厭世國文老師

當貓不想統治地球時，牠就是一位哲學家。

有好幾次，房間裡的貓用深情（或者說是批判？）的目光注視著癱軟在床上的我。等到我發現時，不知道牠已經這樣注視了多久。貓沒有說話，但我彷彿能從牠喉間隱約聽到一聲細微而尖銳的聲音：

「愚蠢的人類啊……」

至於後續的話語，我不太確定是「我要殺你」還是「我要教你」。也許兩

者皆有可能。在那凜然的目光裡，卻蘊藏著深不可測的智慧。

我想，貓正在研究我。牠似乎在思考：人類到底有什麼存在的必要性？畢竟我們總是將生活弄得更加複雜，背負著沉重的壓力與煩惱，看起來既不快樂，也不幸福。

事實上，貓早已掌握了宇宙的祕密。雖然牠一句話也沒有說，但我仍能從牠的優雅、從容與平靜中感受到答案。對我而言，貓本身就是答案——只要輕輕撫摸牠滑順的毛髮、柔軟的身軀，或者貪婪地吸取牠肚子那獨特的氣味，就彷彿抵達了天堂。

或許，這正是貓做為人生導師的第一堂課：**學會簡單而純粹地活著**。貓從不戴王冠，卻依然擁有帝王般的威嚴。牠不需要從別人那裡尋找自己的價值，反而讓他人從牠身上獲得滿足。貓提醒我們拋下多餘的負擔，生活不需要過多的裝飾或虛偽，只需相信在某個地方，一定有人懂得並珍惜我們與生俱來的美麗。

你是不是覺得太疲憊了？貓的睡眠時間平均達十四到十五個小時，而我們呢？卻在日復一日的忙碌中壓縮自己的休息時間，彷彿少睡幾個小時就能換來更多的成就（未來記得你加班到深夜的不是你的老闆，而是你的孩子）。但貓用牠們慵懶的姿態告訴我們第二堂課：**休息不是偷懶，而是對生命的敬意。**

華麗的宮殿或許能襯托出貓的皇室風範，但牠偏偏喜歡家徒四壁的簡樸感。即便我們精心準備了軟綿綿的墊子和暖呼呼的睡窩，貓卻更鍾愛從大賣場帶回來的免錢紙箱，將其當做堡壘、避難所、遊樂場，甚至是冥想的聖地。貓的第三堂課便是：**在平凡中找到樂趣**。幸福不在於我們擁有什麼，而在於我們如何看待它。

至於第四堂課，**貓教會我們什麼是勇氣**。人類常被社會規範束縛，小心翼翼地避免衝突。而貓呢？牠常毫不猶豫地把桌上的水杯推倒，不管我說了多少次不要這麼做；牠也會毫無半點歉意地吐在我心愛的毛毯、棉被上，甚至是在我睡覺的床上；牠還會大搖大擺地踏過我正在敲打的鍵盤。是的，不遵循任何

人的規則，只忠於自己的規則。

最後一堂課，**貓揭示了「可愛就是正義」**的黃金法則。一隻貓蜷縮在我的腿上，滿足地半閉著眼睛，這種不可辯駁、無法抗拒的可愛，能融化最堅硬的心。牠能改變房間的氣氛，甚至常常改變我的行程──因為最終我和牠一起睡著了。我明白，你未必認同「可愛就是正義」，畢竟這個世界仍需要多一點的公平與道德勇氣。然而，不可否認的是，可愛擁有讓世界更加友善的力量，也讓平凡的日子多了幾分明亮與溫暖。

邀請一位可愛與智慧兼具的導師進入你的生活吧！讓毛茸茸的哲學家告訴你如何活得更好一點。如果你願意，便能看見關於貓的小宇宙，在那裡，每一次尾巴的擺動，還有放鬆時喉頭發出的咕嚕咕嚕聲，都在向你傳遞深邃的訊息：快來愛我，你也將學會愛自己。

（本文作者為高中國文教師、資深貓奴）

獻給我的貓,奇基

作者序

貓為何能活得這麼有哲理？

某些日子，我們不想出門上班、不想看新聞、不想去思考這世上的各種不幸、不想去煩惱自己的未來……我們不想對政府令人惱怒的新政策發表意見、不想煩惱自己的職涯，也不想知道再過幾年能否領到退休金……

我們不希望自己老是被人際問題糾纏，尤其這些關係往往和親友有所牽扯；我們不希望在剛放滿一缸水、準備要泡澡時，卻因為「浪費水、不愛地球」的想法而有罪惡感；我們不希望因為自己大嗑了一頓垃圾食物而覺得內疚……

我們只想跳脫現有生活，想斷開與現實生活之間的枷鎖與所有牽連——哪怕一天也好，片刻也罷。我們不過是想好好透個氣。

我轉過頭來，發現我的貓──奇基──剛剛無聲無息地進入書房。牠眨眨眼，望著我，跳上書桌，然後在鍵盤上躺了下來。這齣戲碼已在我們之間上演了好多年，早在我仍用紙筆寫作時，牠就一天到晚啃我的原子筆蓋。我笑了，這是我倆之間的一種小遊戲。牠表現出來的樣子就像是既喜歡我寫作，又想盡辦法要阻撓我。

從以前到現在，不論是牠輕輕地撥抓，或是在我小腿和鍵盤之間的徘徊走動，我都只當成牠想討摸和玩遊戲……等等！說不定這些年來，牠有別的話想告訴我，說不定只是簡單一句：

「喂！你今天稍微停一下，不工作行不行？」

不工作……就在牠用鼻頭磨蹭我脖子的這個當下，我實在不願去想，不願去想自己是否繳得出下個月的帳單，也不想煩惱股市何時會再崩盤……牠呢？奇基會煩惱這種事嗎？

說不定這就是牠一直以來想告訴我的祕密：**要懂得放手去做最重要的事、**

要善待自己、要學著像牠一樣⋯⋯要向貓學習如何善度人生!

貓生顯然過得比人生好太多了,何不以牠們為榜樣呢?

我在解讀了貓的邏輯、各種行為動機,以及生活方式後,決定開始向牠們效法。

和奇基共處這麼多年,我卻未曾真正察覺到,「真理」其實早就清清楚楚地擺在我眼前。

不論是個人生活或職涯,人類凡事都應該向貓學習才是!

這就是我想藉著這本書邀請你一起探索的:稍微脫離一下現實生活,重新找回笑容、學會善待自己。

貓為何能活得這麼有哲理?我們到底該從牠們身上學習什麼呢?

為了換一種方式好好看待人生,從今天開始,就讓貓咪成為我們的人生教練,向牠們學習如何行動和思考吧!

目次

推薦序　貓不說話，但牠什麼都知道　厭世國文老師　003

作者序　貓為何能活得這麼有哲理？　009

01 學會貓本領，讓你活得自在快樂　021

02 依從己心，以自己想要的方式度過每一天　023

03 順從天性，展現充滿魅力的真實自我　026

04 學習喵喵大師，放下壓力，回歸平靜　032

- 05 是你的，就要適時宣示主權啊喵！ 036
- 06 凝視牠的眼，學習貓大師的高深智慧 040
- 07 跟貓一樣，把自己放在第一位 044
- 08 愛自己，別總想成為他人 049
- 09 以自己為傲，對自己信心滿滿 053
- 10 學習像貓一樣，成為聚光燈下的主角 057
- 11 揮揮尾巴，不帶走批評餘毒才是上策 060
- 12 好奇心不會殺死貓，只會讓人生變彩色 066
- 13 爭取獨立！跟著貓鬥士來場人生革命 069

噓，只跟你說的貓祕密
我們的工作，就是清除人類的負能量 074

14 有自信，才能跟貓一樣美麗帥氣 076

15 不懂得求助，永遠當不了王者 080

16 慢活始祖，非貓莫屬 086

17 向貓教練學習適應力，強化生命力 089

18 噓！別吵醒貓，別喚醒你的壓力 096

19 貓族祕傳識人術，從此遠離豬隊友 099

20 你累了嗎？好好休息睡一覺 103

21 不要就是不要！貓教練的最強拒絕術 105

22 貓式駕馭衝突法，就是盡量避免衝突發生 109

23 營造自己喜歡，且能讓身心平衡的舒適家居 112

24 貓貓翻肚式信任，將帶你找到幸福 118

25 貓咪 CEO 跟你想的不一樣！三分鐘換顆貓腦袋 121

噓，只跟你說的貓祕密

我們睡覺，是為了療癒人類受傷的心 125

26 學習貓的鍥而不捨，成功就不遠了 127

- 27 聽從貓智者，謹慎過一生，零危險至上 129
- 28 大方示愛、討愛，將情感庫存裝好裝滿 134
- 29 靜下心來，跟貓一起強化沉穩的力量 137
- 30 人生就是要像貓一樣，直球對決 141
- 31 喵喵喵！有事就開口，簡單直接不煩惱 145
- 32 誠實不說謊，貓緣人緣都加值 150
- 33 貓式觀察法，讓你冷靜、傾聽、學更多 153
- 34 與貓咪看齊，做個真誠的朋友 158
- 35 貓派哲學就是不怕髒、不怕醜，專心做最重要的事 162
- 36 自然不做作，是貓族生活哲學第一條 167

噓，只跟你說的貓祕密

我們不睡覺的時候，可都是在當人類的保鑣！

37 寬以待己，謙以待人。放自己一貓！ 170

38 效法貓的自得其樂，讓人生不成負擔，反成風景 175

39 美學貓大師親授，自在接納自己的樣貌 178

40 來當一回貓，人生好自在 184

41 像貓一樣用心聆聽，伸出援手撫慰他人 187

173

結語　藉由貓特質，取回你的人生主導權
190

噓，只跟你說的貓祕密

貓族智慧大放送，走過路過不要錯過！
193

貓咪指數隨堂測驗

挑戰人類極限！你能成功當一隻貓嗎？
195

01 學會貓本領，讓你活得自在快樂

「太初之際，上帝創造了人類，但見他如此脆弱，便把貓給了他。」

——華倫・艾克斯坦，美國寵物行為學家

「即使是最落魄的街貓，也總是貴氣逼人，牠們不必遮掩偽裝。牠們就是貓……毋庸贅言。」

——費德烈・維度，法國作家

從諸神開天闢地以來，人類就對貓深深著迷。在觀察並試圖了解牠們後，我們發現貓的行為舉止、態度、特質、習慣與癖好裡，深藏著一種宛如魔法的本領，讓牠們活得自在又快樂。

貓與生俱來的這些絕招，當然也能在人類的日常生活、私人領域和職涯上，大大助我們一臂之力。

貓身體力行的生活哲學，似乎用幾個字就能講完：**吃喝玩樂睡，把自己安頓得舒舒服服，只做自己愛做的事**。比起我們，這樣已經很厲害了，但貓的本領還不只如此。

這種生活方式之所以讓貓沒有壓力，因為牠們只在乎一件事：**善待自己**！透過設法貼近貓的行為與邏輯，人類將能帶自己望向另一片新天地、看到另一種新觀點，並從不同的角度理解自己，也能給自己更多的發揮空間。

一起深入了解貓的角度、思緒和哲學，用貓的方式來欣賞人生吧！

02 依從己心,以自己想要的方式度過每一天

「在內心深處,我們都受相同渴望所驅使,貓卻有勇氣將這些渴望付諸實踐。」

——吉姆・戴維斯,《加菲貓》作者

自由!親愛的自由!誰不是時時刻刻、心心念念地嚮往著自由!任意來去、只做自己喜歡的事、無拘無束地行動、隨心所欲地滿足渴望與各種任性的想法⋯⋯腦袋自由,身體也自由,這就是我們嚮往的。

矛盾的是，人類經常把各式各樣的羈絆加諸身上，並親自動手綑綁自己。

比如為了償還銀行貸款，逼得我們一再拚命加班；比如某些廢物明明無用，在我們眼中卻珍貴無比；比如某些事情一開始只是習慣，到頭來卻成了義務，而我們甚至對此毫無覺察；比如某些人明明把我們的生活搞得烏煙瘴氣，我們卻硬逼自己忍受這一切……

是時候來個人生大掃除了！何不試著只保留自己喜歡的東西，只維繫能為自己充電的人際關係，只從事自己真正有熱情的工作和活動？

何不凡事率性而為、隨心所欲？也許你心想，這種生活根本是天方夜譚，但對貓來說可不是這樣。牠早就決定要讓自己自由地生活、自由地擁有、自由地存在，時時刻刻依從己心，按照自己想要的方式度過每一天。

自由自在──這對貓來說是一種常態；不只是習慣成自然，更是生活的重心。至於其餘的事，牠們其實不太在乎。

然而身為人類的我們，卻經常在生活中委屈自己，心想「這種理想狀態還

是等到哪天能請假的時候再說」，還得先看看行事曆能不能排出空檔！

想活得像貓一樣自由？
那就讓心自由地飛翔，只做自己選擇要做的事！

03 順從天性,展現充滿魅力的真實自我

「以貓所擁有的愛乾淨、體貼、有耐心、有自尊、勇敢等諸多優點來看,請容我試問:我們之中有多少人當得了貓?」

——費南・梅禮,法國獸醫師

貓不必一天到晚喵喵叫、不需要跳來跳去或憑著十八般武藝,才能成為目光焦點。只要牠們一走進房間,馬上就能感受到牠們的存在;牠們不需要特別費力,光憑自身的魅力,就能吸引大家的目光,而且總是如此。

每當牠們在客廳裡漫步，其低調優雅的特質總讓人類忍不住要仔細欣賞。這才叫「派頭」，而且是一出場就吸引所有人目光的超級派頭！誰不希望擁有這種無人能敵的魅力呢？

貓到底做了什麼，能散發出這麼強大的能量，吸引眾多仰慕者呢？

事實上，牠什麼也沒做。**貓天生就是這樣。**

這是貓給人類很重要的一課：如果希望自己更有魅力，就要活得更接近動物本能，順從與生俱來的天性。

不必遮遮掩掩、不必自欺欺人、不必戴上角色面具、不必使出渾身解數忙進忙出，藉此催眠在場的所有人……**簡單一句話，就是「什麼也不用做」**。

把自己當成一部發電機、一盞聚光燈，盡情表現自己的天生特質吧！聊天時只說必要的話，別為了灌水或填補空白，一個人喋喋不休地演起獨角戲，這樣只會讓其他人感到無聊。因為任何人都能透過這些冗長的獨白，察覺到你最想說服或安慰的人，就是你自己。

這不叫魅力，只是想讓自己無所不在罷了；但對他人來說，卻是徒增壓迫感，甚至讓人覺得沉重的舉動！

不知道各位是否發現，那些最有魅力的人——例如被譽為「舉手投足盡是眾人焦點」的電影演員，總是深諳「點到為止」之美。他們的談吐多半走簡約風格，穿著打扮也是。

最魅力四射的人，絕不是最花枝招展的人；真正有魅力的人儘管很有存在感，卻也給人低調內斂的感覺。

魅力的養成無法一蹴可幾，首先必須誠實面對自己和他人，接納自我原本的面貌，丟掉那些不符合自己真正性格的花招。

想成為超有魅力的人？別擔心，人人都能做到。前提是，要和貓一樣，隨時隨地做自己。

如果想要擁有存在感和魅力,
請務必表現出自己的真誠、低調、單純、真實。

一步一腳印，學貓過一天

天亮了，伸伸懶腰起床啦！

對許多人來說，起床並不是一件容易的事；尤其是剛醒來的時候，腦袋往往一片渾沌，身體不聽使喚。

來做個小小醒腦操吧！

大家是否曾觀察過貓起床的樣子？

牠們不會像驚喜箱裡的惡作劇玩偶那樣，一下子就從窩裡跳出來，這對身體和心情都不好。相反的，貓會緩緩睜開眼睛，慵懶且仔細伸展一番，然後不疾不徐、慢條斯理地醒過來。

不妨和貓一樣，醒來後先伸展一下，打個呵欠吧！硬逼自己什麼

都要快一點是沒用的。貓會先躺在原地伸展四肢，然後才站起來，拱起背，再次伸個大大的懶腰，再打個彷彿連下巴都要掉下來的超大呵欠……眨眨眼睛，又坐了下來。

我曾試過像貓一樣的起床方式，確實愉快多了。遠勝過從床上像是翻荷包蛋似的一躍而起後，再拖著腳步昏沉沉地晃去咖啡機前。

這種在動物界常見的動作叫做「本能伸展呵欠」。雖然叫「本能」，但這種機制經常被人類所遺忘，卻是能讓我們愉快醒來，展開美好一天的重要動作！

04 學習喵喵大師,放下壓力,回歸平靜

「所謂的平靜,就在坐著的貓身上。」

——賀內‧夏爾,法國詩人

說到壓力,真是人類社會的一大禍害。該如何才能對抗它、疏導它?這一、二十年來,陸續有許多教人放鬆的學說和技巧問世,但我認為這不是什麼好現象,因為這表示人們的壓力越來越大,有壓力的人也越來越多。

這些「壓力山大」的人們幾乎二十四小時都處於精神緊繃,甚至崩潰邊緣

中；長期失眠不但帶來許多更嚴重的心理症狀，也經常反映在生理上，造成高血壓等問題，進一步導致過勞。

人類的生活還真的要很糟、非常糟，才會淪落到這麼極端的慘況。

當我們察覺到這種現象後，該如何改善呢？

觀察一下貓吧：牠們常常給人很緊張的感覺嗎？

想必少之又少吧！

牠們渾身散發著平靜祥和的氣息。姿態沉穩、肌肉放鬆，生理上毫無躁動跡象，眼神裡也不見任何緊張神情。

貓偶爾展露的緊張，不過是一種暫時性的警戒。牠們是在提防某種可能發生的危險，或是某個可能打擾牠們安逸日常的事件。這種時候，牠們會豎起耳朵，以炯炯有神的目光觀察並等待。一旦釐清使牠們不安的原因後，就會在短短幾秒鐘內再度放鬆肩頸，回到原本的平穩狀態。

貓不會在事過境遷後仍繼續緊張。一旦確認、避開或脫離危險，生活環境

也恢復平靜後,牠們立刻就會將這一切拋得遠遠的,完完全全不會再多想,彷彿這些事從未發生似的。也許這就是貓最厲害的地方,也是牠們穩如泰山的祕訣之一。

貓的生活除了有如僧人般穩定,也很井然有序,不太能忍受一夕之間發生巨大改變,因為牠為自己打造的是一種舒適且悠閒的生活,不容任何打擾。

貓難得會出現壓力的時候,是在清閒生活出現變化時:譬如原本鍾愛的飼料被換成另一種較便宜的新飼料,或是主人長期不在身旁,使牠們無法滿足對關注和愛的需求,讓牠們必須果決地採取行動以趕走陌生異物,用不屈不撓的堅毅態度表達自己的不滿。

如果想讓內心保持平靜祥和,那就學學貓吧:先釐清壓力的來源,好好根治問題,接著就把這件事拋到九霄雲外。要徹底放下,別囤放在心裡、念念不忘,平靜自然就會回歸,你也就能過得神清氣爽。

另外,還有一種現象,不僅更常出現在貓身上,獸醫師也不時提起:如果

貓經常且長期顯得緊張，問題很可能出在主人身上！

貓猶如海綿，什麼都感受得到。牠們會吸收各種情緒，但要是壓力、噪音、喊叫超出某種程度，牠們就無法再照單全收，無法再默默消化。

如果事態嚴重到影響貓本身的身心平衡，導致牠們無法再忍受整個環境的氛圍，甚至有可能離家出走——只要有機會的話。但這要怪誰呢？如果非要離開才能恢復清靜，那麼，貓絕對會順從自己的心這麼做！

05 是你的,就要適時宣示主權啊喵!

「貓似乎以無所事事為榮。就算在家裡霸占一個比狗更好的窩,也不會因此感到歉疚。」

——米歇爾・圖尼埃,法國作家

許多人經常因為害羞或缺乏自信,不太敢在「別人」面前表達自己的意見。

我們不敢聲張、不發一語,不好意思說自己覺得「別人」真的很聰明,或至少夠有自信,勇於獨排眾議,大聲表達自己的立場和見識⋯⋯但仔細一聽,「別

人」其實常在胡說八道。

那些「別人」是誰？是你，是我，我們都是某人的「別人」。如果「別人」占據的空間比你多，那是因為你把空間讓給了他們；就像在家裡一樣，櫃子越多，囤積的無用東西就越多。

「別人」是否漸漸壓迫到你的空間？甚至有時得寸進尺，直接騎到你頭上來？這時，想想貓怎麼做吧！

去踩踩貓的腳，看看牠會有什麼反應？你一定能聽到牠們的不滿，說不定還能親身體驗貓爪子插進你小腿的感受呢！

所以，別再任人踩你的腳！「別人」的霸道毫無任何正當性可言。他們之所以會這樣，是因為你把空間拱手讓人，是你自己妥協到這種地步的緣故，因為你「包容」了其他人。但你以為「別人」會就此滿足？不，他們踩住你的腳之後，會繼續爬到你頭上來，甚至還會把你的頭壓進水裡。

像貓一樣魅力十足且有個性，與透過打壓別人、得寸進尺以抬高自己，這

兩者是非常不同的。

貓會使用自己應當擁有的空間，不因此打壓其他使用者，卻也絕不容許別人侵門踏戶。牠們以這種方式平靜地宣示主權，不會故意扮演暴君，也絕不接受當個臨時演員的要求。

要懂得平靜地表達自己的主見，一旦有人撈過界，就要挺身而出捍衛自己的空間。

比起跑龍套，你絕對可以扮演更好的角色！

看到貓從眼前經過時,我心裡會想:「牠真了解人類呀。」

——儒勒・蘇佩維埃爾,法國詩人

06 凝視牠的眼，學習貓大師的高深智慧

「我對哲學家和貓多有研究。相較之下，貓的智慧高深多了。」

——伊波利特・泰納，十九世紀法國歷史學家

貓傾聽時，就像一位善於沉默與接納的心理師；專注的態度，也讓人覺得牠們很像得道的高僧或智者——也許這不只是一種感覺。尤其是貓生活的方式，牠們從不浪費不必要的力氣，時時專注凝視這個世界（且百看不厭），這些舉動在在都讓我們忍不住這麼想。

或許很多人都有這樣的體驗：隨著年歲增長，時間讓我們得以累積些許智慧，也讓我們漸漸覺得自己稍微能以更宏觀的角度面對世界，看待人生與生命旅程中的種種事件。

也或許很多人都曾萌生這樣的想法：「真希望二十歲的我就能懂得這些道理、明白這些事情……」反觀喵星人，牠們不靠學校、不靠書本、不靠思想家、不靠參考框架和指標，甚至不必仰賴多年歲月和經驗累積，牠們擁有一種與生俱來的智慧。

就算透過大量的質疑、嘗試、交流、思考和內省，我們對於這分智慧仍只能略窺一二。

在許多方面，生命這條路可說崎嶇難行，隨著時間過去，我們才好不容易才能像貓一樣，終於能心平氣和地凝視著地平線，臉上浮現一抹睿智長者才有的會心微笑。

可是貓幾乎剛出生不久就熟稔此道了。

人類確實應該向貓學習,但關於牠們所散發出這種高深莫測、幾近玄奧的智慧,我們該如何掌握箇中精義呢?

事實上,貓會將這分智慧做為禮物,無償送給我們——如果你家裡有貓,就會懂這是怎麼回事。

一定曾有某些時刻,你心中充滿懷疑,不斷鑽牛角尖,不知該如何跳出來。這時,若你定定凝視貓的雙眼,牠們也會凝視著你,彷彿能看穿你的心思。你將深刻感受到一點:雖是自己不明瞭的事,牠們卻了然於心,且在更早之前就已洞察這一切。

接著,貓會用牠慈祥關愛的眼神,為你講述這個故事:很久很久以前,中國有位皇帝,把他最偉大的智者統統召來,命令他們想出一句話。這句話要能回應人類一生將遭逢的各種喜怒哀樂、幸與不幸的際遇。過了一段時間,智者們找到了這句話,並回來稟報給皇帝。當你迷失方向時,貓也會用眼神將這句話傳遞給你:

「這些都將過去。」

是的，不論是好是壞，這些都將過去。

或許我們有時候花了太多時間和力氣橫衝直撞，以至於最後反而對人生中最重要的事充耳不聞。

或許，這就是貓透過牠們的淡定、凝視，以及對人類的關懷所想告訴我們的⋯我就在這裡，緊盯著你，也關心著你，而這些都將過去⋯⋯

智慧是一門無法學習也無法教導的課題。

它是一種狀態，一種姿態，是與世俗塵囂稍微保持一點距離，以便能從更宏觀的角度俯瞰大局。

智者懂得坐在月亮上觀察地球，一如貓也坐在屋頂上凝視月亮。

07 跟貓一樣，把自己放在第一位

「貓不撫摸我們，而是利用我們撫摸牠自己。」

——安托萬・里瓦羅爾，十八世紀法國作家

一如前面所提到的，對貓而言，生活中最重要的事就是善待自己，沒有任何事比它更優先。為了達到這一點，有時我們也該像貓一樣，自私一點，先想到自己。

這不代表我們要當個自我中心、自戀或自以為是的人，而是要允許自己將

個人的身心平衡排在他人前面。

一個人倘若不懂得先顧好自己的需求，就無法給予他人任何東西。不論在生理或心理上，做任何事之前，請先照顧好自己，因為這攸關你的切身幸福。

一旦你能在生活中獲得幸福與快樂，將更有能力給予和分享。

打造自己的溫馨舒適小圈圈不需要他人的同意，一切自己說了算；更何況，這不是其他人能代勞的事，因為沒有人比你更清楚自己內心深處最想要的舒適是什麼模樣。

所以，捲起袖子吧！學貓一樣打造自己的地盤和舒適圈，掌握身心平衡的要件與讓自己幸福快樂的方法。

每天做一點讓自己開心的事，讓自己度過一段快樂時光，或送自己一份小禮物吧，因為這一切都是你應得的！沒錯！毋庸置疑！

請把自己放在第一順位，思考該如何盡量讓自己舒服。

請好好照顧自己，這件事沒有誰能比你做得更好，

也沒有人比你更願意付出。

一步一腳印，學貓過一天

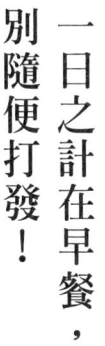

一日之計在早餐，別隨便打發！

每隻貓喜歡的早餐各不相同，大致上包括裝在乾淨容器裡的飲用水、乾飼料、罐頭、鮮食、真空包裝的肉條等。但無論吃什麼，都要好吃、新鮮，而且用餐環境一定要整潔。

聽起來「吃早餐」可能沒什麼大不了的，但我們之中，有多少人連吃早餐的時間都吝於提供？有多少人只是匆忙地拿出杯子、倒入咖啡，直接站在原地喝完，連一片吐司都沒空烤？

既然照顧了貓，也請好好照顧自己。舒舒服服地吃頓早餐，是貓開啟一整天活力的最佳方式，也是你綻放能量最棒的起點！

請給自己充裕的時間用餐，不妨烤一片吐司、好好塗上那遺忘在冰箱深處的高級果醬；或是隨自己高興，想吃什麼就吃什麼。重點在於給自己充裕的時間用餐，並好好享受這段時光。

營養師總不厭其煩地告訴我們，早餐是一天裡最重要的一餐，而這也是照顧自己、重視身心平衡，並用笑容迎接一天的最佳方式。

08 愛自己，別總想成為他人

「人類是最不懂得接受自己的物種之一。要一隻貓好好當隻貓，似乎一點困難也沒有，簡單得不得了。貓顯然沒有任何負擔、任何猶疑、任何內在衝突，且絲毫沒有想改當狗的意願。」

——馬斯洛，美國心理學家

這是已獲印證的事實：如果無法接納自己本來的樣貌，只會導致痛苦和失落。人人生而不同，但我們多半不太滿意自己的先天條件、身體構造、社會地

位⋯⋯不喜歡自己的人實在太多了。

我們常常不願接納現在這樣的自己，倒希望自己能成為其他人。然而接納自己，其實也是在探索存在於我們內心的各種豐富底蘊和能力。

是的，相較於貓，人類太容易否定自己既有的樣貌，妄想成為其他人，卻沒有發現，再也沒有比這更讓自己不開心的事了。

貓會煩惱這種問題嗎？牠們會渴望自己是另一隻貓或另一種動物嗎？很顯然的，這種問題牠連想都沒想過，因為這太多餘了。牠們以身為一隻貓而感到快樂、驕傲；至於貓看待其他動物（有時也包括人類）那種高傲到不行的態度，只是更加印證了這一點。

這個不成問題的問題，常把我們逼進牛角尖；至於貓，牠們很有智慧，知道不要拿這種事跟自己過不去。牠們懂得接納自己、愛自己既有的模樣，也因此能獲得快樂。

「懂得接納自己」一點也不困難複雜，只要想像自己是一隻貓就行了——

牠們可不覺得「做自己」有哪裡不好。人類之所以愛貓，正是因為牠們超愛自己的。因此，何不學學牠們？

早上起床後，不妨站在鏡子前，看著自己說：「我很愛你，你知道嗎？」你說不定會噗哧一聲笑出來。

試試看就知道了，對自己說這句話時，真的很容易笑出來！這一聲笑代表什麼？代表你很愛自己，還是愛得不夠？鏡中的笑容看來也許悲傷，也許逗趣，但你能藉此知道自己還要再付出多少努力，才能真正愛自己，並接受這個披上貓皮的新自己！

🐾

如果想被別人所愛，就要從接納自己和愛自己開始。

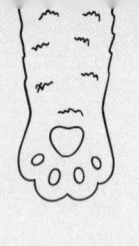

貓、女人和重刑犯都有一個共通點：
他們代表一種無法觸及的理想，和一種愛自己的能力。
因此，對我們極具吸引力。

——佛洛伊德，心理學家

09 以自己為傲，對自己信心滿滿

「世上沒有平凡的貓。」

——西多妮・嘉柏麗・柯蕾特，法國作家

自尊和自信經常被混為一談。儘管這兩種觀念互有所通且相輔相成，但人們往往很有自信，卻不見得很有自尊；反之亦然。聽得有點模糊嗎？舉個例子來說明吧！假設你是一位頂尖商務人士，對自己的業務能力有絕對的信心，在職場上攻無不克、戰無不勝。即使如此，你仍

每天覺得工作得很不開心,覺得工作一點用也沒有,認為世界上還有其他更值得你去做的事,只不過因為各種說不盡、道不完的理由,所以你才……這種情況是缺乏自尊。

再舉個例子。假設音樂是你的最愛,而你剛好是一位才華洋溢的演奏者;這一點從座無虛席的音樂廳和觀眾的熱烈反應就能感受得到。但你卻無法突破內心的恐懼,因為只要一上臺,你就……

這種狀況是缺乏自信。

你對現在的自己感到自豪嗎?對自己的所作所為感到驕傲嗎?

如果你順著心之所嚮、聽從內心的渴望和夢想前進,就能讓自尊和自信的成長日漸同步,乃至合而為一,進而造就幸福的顛峰,讓你快樂得不得了。關於這分自信,以及因為做自己而帶來的自豪,貓的情形又是如何呢?很顯然,牠們是箇中好手,人類簡直難以望其項背。因為牠們真的非常以身為一隻貓為傲,也非常享受身而為貓的種種優勢。

貓是獨一無二的。牠們很清楚這一點,既不需要多做什麼來說服自己,也毋須向大家證明什麼。

牠們對自己信心滿滿,也擁有強烈的自尊。哪還需要證明什麼?哪還需要向誰證明呢?貓天生就是這樣啦!

這個必要且充分的理由,便足以讓牠們走路有風,足以讓牠們理直氣壯地當一隻貓。

請以現在的你為傲,這將讓你脫穎而出!

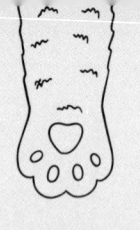

只要和貓稍微相處過的人就會知道,
面對人類有限的慧根,貓還真是展現出無比的耐心。

——克里夫蘭‧埃莫里,美國作家

10 學習像貓一樣，成為聚光燈下的主角

「經常和貓相處，恐怕只會讓人越來越富裕。」

——西多妮・嘉柏麗・柯蕾特，法國作家

儘管貓看起來安靜又沉穩、一副毫不在乎的模樣，但如果牠們喜歡身邊的這群人類，必然會想永遠成為人類注意的焦點。牠們會在所有人的兩隻腳之間繞來繞去、撒嬌討摸，甚至去磨蹭現場唯一一個沒那麼喜歡貓的人的大腿，彷彿在下戰帖……

任誰都無法忽視牠們,即使是最不想親近貓的人也無法。儘管牠們在家中已堂而皇之地坐享王位,並能在朋友來家裡聚餐時成為焦點,還是一樣喜歡玩這種小遊戲。

為了達到這個目的,貓會怎麼做呢?索討?喵喵叫?只有剛出生幾個月的幼貓才會這麼做──因為缺乏經驗。老練的貓會靜悄悄地走過來,拋幾個媚眼,然後就能在短短幾秒鐘內收服在場所有人的心。牠們會給人類撫摸牠們的機會,並透過凝視,給人類一點溫柔、一點注意力。就算是第一次出現的貓,也會成為全場焦點,因為牠們溫柔又安靜地走過來,任由人類撫摸,並(有時)假裝很享受,以便更牢固地抓住人類的注意力。

人類之所以伸手摸貓,是出於想汲取某種無形事物的本能,或許是一點平靜或一點舒緩。貓深知這一點,因此只是凝視著,任由人類撫摸,讓我們自己療癒自己──畢竟撫摸貓咪的時候,任誰都會面帶微笑,絕無例外。

貓到底做了什麼,才能變成眾人注目的焦點?

貓給了我們一些東西：牠自己。貓直接把自己放在人類面前，毫不保留地給出自己，就像一份極其療癒的禮物，任由我們撫摸。

才摸了幾下，就讓我們頓時像被催眠似的，不論餐桌上在聊些什麼，全都充耳不聞。為什麼呢？因為牠們所給予的關注、此刻放在我們手中的活力泉源和平靜，完全不是任何天馬行空的高談闊論、富有哲理的省思，或沒頭沒尾的爭論所能比擬的。

🐾

如果想吸引其他人的注意力，請成為周遭人們的活力泉源，放心地給予吧！

11 揮揮尾巴，不帶走批評餘毒才是上策

「貓很清楚誰喜歡和不喜歡牠們，但牠們通常不會放在心上，也懶得設法補救。」

——維妮菲・凱瑞爾，美國作家

我常觀察到一件很有趣的事：貓完全不在乎自己是否被喜歡，不論對方是貓或人類都一樣。

牠們生性獨立、獨來獨往，不論面對動物或人類，都非常嚴選自己付出感

情的對象，因此得以大大方方地對令人聞風色變的「他人目光」嗤之以鼻、不屑一顧；反觀人類，卻不可思議地往往對此過度重視。

這種被他人珍愛、重視、欣賞，或最起碼被別人接納的需求，貓根本不需要⋯牠們有自己。就這方面來說，貓有自己的目光就足夠了。

我的意思並不是說貓的眼睛長在頭頂上還能好好過活，但人類在尊重自己與介意他人目光之間的拿捏往往有失衡之虞，還是保持平衡比較好。

近年來，「為了形象不計代價」「人設翻車」的例子不勝枚舉。個人形象簡直成了一種崇拜儀式，不再以符合個人本身特色為出發點，而是為了吸引別人目光所做出的刻意安排，可說是一種最徹底的自我欺騙。

讓自己顯得夠酷、顯得年輕、顯得有錢、顯得聰明、顯得包容、顯得好玩、顯得開明，舉目所見盡是顯得、顯現、顯露⋯⋯數十年來，這樣的趨勢不斷反覆再現，從一股潮流到另一股潮流，從實境秀節目到各種真真假假的事件，皆難逃「他人目光」的魔掌。

也許一開始只是為了讓自己顯得有才華或誠實，但到頭來連自己也被徹底騙倒。因為太在意別人目光，也為了獲得主流多數、時尚潮流和趨勢的接納，以至於除了他人的認同，其他什麼都不重要。外在可見的，比內在實際的來得更優先——表面上看起來稱頭，比內在的豐裕更重要；外界的繁華絢爛和名譽掌聲，比真正能讓自己快樂滿足的事情更重要。

我們太常屈服於這種社會潛規則之下，太想「表現」或「擁有」。反觀貓，完全不把「外在目光」這種事放在眼裡，這不過就像牠們第一次抓到的老鼠，沒什麼了不起的。

就算貓（在家裡或在野生狀態下）過著稍微群居的生活，牠們也從來不盲從其他貓的行為。牠們仍是原本的自己，保有自己的渴望、個性和需求，絲毫不覺得有必要把自己塞進某種社會框架，或四處張揚某種形象，以「融入」那些很可能早已迷失方向的「主流」。

貓最效忠的就是自己，人類應當向牠們多多看齊，哪怕只是為了不讓自己

活在一言堂式的、模板化的，以及風向隨時可能改變的鄉愿言論和媚俗道德觀裡；哪怕只是為了幫助我們重新找回內在的渴望；哪怕只是為了讓自己愉悅地聆聽內心不斷對我們吟唱的這句話：

拋開別人的看法，忠於自我吧！

一步一腳印，學貓過一天

左舔舔，右舔舔，慢慢洗才乾淨

早上飽餐一頓後，你會看到貓慢條斯理地幫自己理毛。這時也是你打理自己的時間。

眼看再不出門就要遲到，卻還沒換衣服、整理出門要帶的東西是什麼感覺，相信大家都知道。頭隨便梳一梳就好⋯⋯衣服呢？要穿哪件褲子？快點！快點！快一點！要遲到了啦！

但此時，貓的舌頭正緩緩地順著後腿由下而上，把每一吋都徹底清理乾淨後，再換另一條腿，完美地演繹什麼叫「不疾不徐」。

洗澡多重要，貓貓最知道。這除了是保持衛生不可或缺的，也是

一天之中能讓我們好好照顧自己的時刻。既是能消除疲勞、放鬆身心的美妙時光，也非常適合讓自己的思緒天馬行空地奔馳，並讓腦袋慢慢恢復運轉，想想接下來要做些什麼。

在照顧自己方面，女性往往比男性更有天分。一到週末，女性經常化身一隻不折不扣的貓，可以在浴室待上足足三個小時，從沐浴到保養，從頭到腳把自己照顧好。但男性往往不明白為什麼要花這麼多時間，還常常因此不耐煩。女士們，在此向各位脫帽致敬，因為你們所做的是正確的事，不但有助於自己的身心平衡，連路人們的眼睛也因此受惠了！

12 好奇心不會殺死貓，只會讓人生變彩色

「好奇心是教育的根本基石。如果你說好奇心害死了貓，我只會說貓死得重如泰山。」

——阿諾・艾丁伯羅，英國學者

好奇心是貓與生俱來的。當牠們大到能從窩裡翻出來、在地板上爬來爬去後，便開始非常專注地到處探索、嗅聞、豎起耳朵聆聽各種聲響、走遍各個尚未考察過的地方。

和狗的不同之處在於，貓不會一看到新玩意，就盲目撲上去。牠們會緊盯著新紙袋、新的陌生藏身處，小心翼翼地慢慢接近。

貓擁有無窮的好奇心，能讓牠們不斷重新認識自己的小天地。對牠們來說，每天都是一場全新的探索，每天都是「浩瀚非凡神奇」的一小部分，每天都用這分好奇心不斷灌溉這個世界。

人類應該多向貓學習這一點，如此一來，就能每天多學會一些事情，也能更常驚嘆讚美。

有些人因天性之故，生來喜歡觀察，喜歡不斷探索新事物。事實上，新鮮感是讓身心獲得平衡的重要元素，是我們心靈的氧氣，就像呼吸一樣不可或缺。少了它，人類將在不知不覺中慢慢枯萎。

如果你不知道該如何培養好奇心、讓好奇心成為替一天帶來好心情的新鮮氧氣，有個簡單的原則可以依循：一天學一項新東西，也就是「一天一新知」。這項新知不必很深入，也不必很重要或很有價值，只要一天一項新知識即

可。有可能只是個新詞彙，但由於是自己主動去學的，所以你永遠不會忘記這項知識。

聽起來或許很簡單，但重點在於長時間身體力行；尤其如果你是個好奇心沒那麼旺盛的人，挑戰性會更高。只要在一天裡保留一個片刻的好奇心，一年就能獲得三百六十五項新知。相信我，不論對內在素養或身心平衡，它都能為你帶來很大的改變。

請保持好奇吧！
對萬事萬物感到好奇，你的生活只會因此越來越好。
驚嘆吧！讚美吧！

13 爭取獨立！跟著貓鬥士來場人生革命

「爭取貓的友誼是一件困難的事。牠有哲學頭腦，牠內斂、平靜、堅守自己的習慣、喜愛秩序和整潔，且不會隨便付出自己的感情：你夠格的話，牠可以當你的朋友，但絕不當奴隸。」

——特奧菲爾・戈蒂埃，法國詩人作家

獨立自主是貓很重要的一項特徵。牠們不遵從任何階級體制，也不像其他動物那樣，需要群體、聚落式的生活架構。

牠們的獨立自主是絕對的。牠們遠離群體，過著隨心所欲的生活，不需要其他同類背書，更不需要人類替牠們背書。

為什麼要以這麼徹底的獨立自主做為生存之道？因為這樣能讓牠們不必對任何人負責，自己高興做什麼就做什麼；毋須承受外界壓力，沒有社會義務，也沒有指責的目光⋯⋯這種不容討價還價的獨立自主，正是牠得以自由自在最重要的基礎。

不論在工作或生活，對他人的過度依賴，只會迫使我們委屈地接受一些不見得總符合自身渴望的限制。

然而天性使我們無法像貓那樣完全獨立自主，畢竟群居生活對人類來說更為有利。但無論如何，我們最好能定期重新評估生活中依賴與獨立的比重，並不時問自己幾個問題：

- 我在經濟上獨立自主到什麼程度？

貓是最好的人生教練　070

- 我能否忍受數個月的單身生活，不至於時時刻刻都如強迫症發作般需要被愛、被渴望，也不至於總是想尋求短命戀情，以填滿情感空洞？
- 我能憑個人意志做出人生的重大決定嗎？還是這些決定總是被配偶、父母或子女的各種需求左右？
- 如果希望收入大於支出，我需要依賴工作到什麼程度？我是否已負債累累，以至於非得在週末假日瘋狂加班？
- 我是否太依賴配偶，以至於我照單全收、逆來順受，甚至被羞辱也不敢吭聲？
- 周遭的親朋好友是否占據了太重要的位置，以至於我在行為和看法上都不敢違背他們，擔心使他們不悅、失去他們？
- 我是否非得忍受主管的頤指氣使，卻不知其他地方有更好的職缺在等著我，只等我寄出履歷？
- 我的癮頭──不論是菸酒、藥物、食物，甚至是體育賽事──是否造成

- 生活的負擔?是否因而主宰了自己的活動和渴望?
- 我因這些依賴而封閉自己到什麼程度?它們霸占我的人生到什麼程度?
- 生活中我仍能自己掌控的比例有多少?

每個人都該定期問問自己這些問題,也許可以從今天開始,盤點一下自己的依賴程度。

從某個角度來說,每個人在生活和工作上必然處於一定的依賴,這是不可否認的事實。儘管如此,我們仍需要檢視一下自己依賴外在人事物的比例,看看是高是低,是多是少——也就是捫心自問:我們在天平兩端放了些什麼?讓身心平衡的要素又是什麼?

就算無法像貓那樣完全獨立自主,但我們仍有義務修正某些偏頗,尤其這些都是人生中難免會累積,且未必總能察覺到的。

努力在各種層面討回一部分的獨立自主吧！

如此一來，你終能重獲自由。

噓,只跟你說的貓祕密

我們的工作,就是清除人類的負能量

因為貓不需要像人類那樣整天瞎忙,所以你們就以為貓成天無所事事?這真是大錯特錯,我們對人類可是非常有用呢!

當你們下班回家,全身緊繃、烏雲罩頂、渾身散發著一整天下來不知不覺累積的負能量時,你們以為是誰在幫忙清理這一切?你們是否曾感到好奇:不過是和我們待在一起幾分鐘、摸了我們幾下,怎麼全身上下內外的各種不舒服就奇蹟似的覺得好多了?

我們喵星人呀,就是專門來做這件事的。只要和貓咪身上的毛皮接觸,我們就能將那些害你們難過、生氣、不舒服的負能量全部吸走。

貓是最好的人生教練　074

更何況──別裝了，你們自己一定有感覺──人類往往以為，之所以覺得療癒，不過是因為有我們相伴，但事實上，我們所做的遠超於此，甚至有很多是你們連想都想不到的。

我們每天悉心療癒你們人生中的傷痛，一切只因為我們愛你。

──奇基

14 有自信,才能跟貓一樣美麗帥氣

「狗和貓的差別。狗心想:人類給我東西吃又給我遮風避雨的住所,他們應該是神。貓心想:人類給我東西吃又給我遮風避雨的住所,我應該是神。」

——艾拉・劉易斯,美國演員兼劇作家

一如前面在關於自豪與自尊的文章所提過的,自信也是貓與生俱來的強項之一。

你是否曾見過哪隻貓看起來很內向，彷彿對自己沒什麼信心的樣子？沒有吧！牠們很清楚知道自己是最棒的，並因此很自豪。俗話說得好：「心裡想著自己是最棒的，並不是最棒的；清楚知道自己是最棒的，才是最棒的。」這是自信的一種槓桿原理。也許兩者看起來沒什麼差別，但各自帶來的後續影響可是既深且遠。

一如先前提到的，對自己有信心，不但意味著接納真實的自己，也是藉著自己的才能或價值觀，對現在的自己感到驕傲。

以貓來舉例說明的話，所謂的「自信心十足」，是當牠們主動走向人類時，心裡想著：「我知道你愛我。」而不是：「你今天還愛我嗎？」

貓的這種強大信念，一併造就了牠們的萬丈光芒、魅力、吸引力和美麗，讓我們自然而然地愛上了貓。

有太多人因自信不足而飽受折磨，有些人卻因太過自信而眼高手低──而且連自己都不知道這種自信從何而來。

你一定也發現了,本書的所有章節互有關連且互相交錯。自信的養成與多種不同的能力有關,本書雖是刻意將這些能力分開說明,以便於理解,但希望大家能認知到一點:它們各自相輔相成、密不可分。

是的,必須先愛自己、獨立自主、自給自足、拋開所謂「別人會怎麼想」的限制,才會擁有自信。

自信並不是個憑空捏造的概念,而是一種學習,是貓所擁有能力的集大成。這些能力能互相串連,讓我們做得越來越好,生活也一天天變越好。

有自信的人不但是「眾人焦點」,也是「自由」且「魅力四射的」。他們大多是快樂的人,但也是因為他們在日積月累的練習中,懂得如何培養促進這分自信的所有要件。

關於自信的學習,請以貓為榜樣吧!讓你做回你自己。

「要有自信」說得容易，要做到卻沒那麼簡單。
但我可以跟你保證，向貓學習，多多培養能建立自信的各項基礎，
將會為人生帶來喜悅和成功，自信也將自然在你心中萌芽。

15 不懂得求助，永遠當不了王者

「貓的腦筋動得很快，這一點牠們自己也知道。」

——湯米・溫格爾，法國插畫家暨童書作家

你是那種總把親朋好友、身邊所有人照顧得無微不至的人？還是認為一切都是自己應得的，人人都該服侍你，對你有求必應？

凡事過猶不及，但像貓一樣，懂得接受他人服務，有時能讓生活輕鬆不少。

大家都知道，貓什麼也不做，牠們整天就是接受眾人款待與恭維，儼然一

副王者模樣。

這並不是要你完全複製這種高高在上的態度，但也沒必要當其他人的千手觀音。對家人朋友同事路人的所有期待、任性或想望有求必應，也未免太讓人疲於奔命了吧！

請向貓學習如何讓他人為你服務，首先就從分派日常生活中的小小家事開始。你不是孩子一輩子的長工或傭人，把部分家事分派給孩子，除了能培養他們獨立和負責的能力，也能讓家裡好好運作，對孩子絕非壞事；更何況，不論在時間、效率、消除疲倦和壓力等方面，都對你有利。

把工作分派出去固然是最基本的，但為此，你得先懂得開口要求。別再為了別人使命必達，也別覺得「與其事後收拾殘局，不如自己動手比較快」。

這一招也適用於職場上。不論是老闆主管或是小組領導人，人類往往很難信任別人，也很難把工作分配出去，總是要親自檢查每個人的成果是否合乎標準，到頭來反而變成一種壞習慣：沒有人能真正為自己的工作負責，因為就連

文件上的一個逗點也要交給老闆檢查，這無疑是白白損失生產力和時間，對於老闆（也許就是你本人）也是很沉重的負荷。

學會分配工作、讓其他人來幫你的最大好處，是你能空出時間給自己、做自己喜歡的事，而不是天天在別人身邊打轉，疲於應付其他人的日常需求。換個角度來說，請別人助自己一臂之力，不也展現了你對親朋好友、員工、配偶、子女的信心嗎？

貓之所以時時刻刻讓自己接受人類的伺候，其實是為了人類好──這樣講可能有點誇張，但貓族的用心良苦又有誰人知？

🐾

不論在職場或生活中，都好好當一隻貓吧！

請學會把工作分配給他人，讓別人來助你一臂之力。

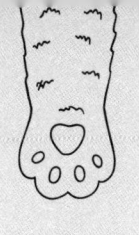

狗有主人，貓有僕人。

──戴夫‧貝瑞，美國幽默作家

一步一腳印，學貓過一天

慢條斯理，好好品味早晨的味道

你打開家門，準備出門上班，但貓也想出去散散步，正把頭探出去。你或許好奇：貓一整天都在做什麼呢？

貓出門時，是否會慌張如一陣風？才不會。牠們會悠哉悠哉地慢慢晃，探頭嗅一嗅外頭的空氣，這時尾巴通常還留在屋內呢！牠們很開心，你卻不耐煩，因為你沒辦法就這樣把門開著去上班呀！

何必急急忙忙衝出門，半路上才發現忘了鑰匙或文件，結果又要衝回家拿？放輕鬆一點，只要讓自己更有條理一點，就不必急匆匆地趕時間了。看看你的貓，才慢條斯理地穿過走廊呢⋯⋯慌慌張張、橫

貓是最好的人生教練　084

衝直撞，除了白白浪費時間，也只會徒增壓力而已。

內心是否平靜，和我們的身心平衡有很深的關連。務實、沉穩、有條理，一樣能把事情做得又快又好，效果絲毫不亞於雖然求快卻慌張、充滿壓力和焦慮的方式。

學學貓，用穩健又平靜的步調展開一天吧！何不像牠們一樣，花個幾秒鐘抬頭望向天際，享受黎明的曙光呢？

笑一個！

16 慢活始祖,非貓莫屬

「所有動物之中,唯有貓懂得什麼叫淡定。」

──安德魯‧蘭格,蘇格蘭作家

看到貓慵懶地或坐或躺,鉅細靡遺地看著外頭的風景,確實會讓人誤以為牠們是個整天無所事事的大懶鬼。這麼說其實也沒錯──以人類的角度來說。

在現今的社會裡,無所事事、遊手好閒、發呆放空、深呼吸、仔細觀察、慢活……簡直就是毫無效率、生產力低下的行為。因為人類活著,就必須動來

動去、善用每一分鐘、填滿所有空檔、不斷找事做、一心多用⋯⋯千萬不能「浪費時間」，這才是社會告訴我們的「正常」生活。

眼見我輩時時刻刻近乎走火入魔般忙碌，讓我忍不住要站在貓這一邊。人們往往一邊在健身房運動，一邊戴著藍牙耳機講電話，一邊還忙著看手機⋯⋯連貓都要笑出來了。看到人類這樣把自己累得半死，喵星人想必認為人類是一群腦袋瓜有問題的生物吧！

「好好過生活」並不意味著要把日常的每分每秒全部填滿，也不代表我們必須恐懼死亡的到來，以至於害怕自己在死前「沒看過那個」「沒做過那個」，反而是要我們覺知並思考所經歷的每一刻，並全然擁抱它，以便徜徉其中，享受流過當下的每個瞬間。

貓就是這麼做的。乍看之下，牠們什麼也不做，毫無時間觀念（站在人類的角度來說），對將至的死亡也全然無感，直到生命最後一刻來臨，都不抱持任何期待（除非如某些人所認為的，牠們天生了解彼世之事。這也能說明貓為

何能活得這麼淡定，但這又是另一回事了）。

「好好過生活」意味著充分享受人生，而不是在行事曆裡塞入各種分秒必爭的「必做」「必看」「必去」……對某些人來說，就算是度假，也必須規畫得有如短跑競賽般分秒必爭，比上班還累！

請暫停一下，冷靜下來，多多觀察這個世界吧！請向貓看齊，感受自己漸漸回復寧靜的內心。

你或許聽過這句話：

「既然出生時不趕時間，就沒有必要趕著去投胎。」

請學貓一樣：花時間好好過生活。

17 向貓教練學習適應力，強化生命力

「貓就像義大利波隆那肉醬，最後總能讓麵條服服貼貼（注）。」

——菲利普・傑律克，比利時漫畫家

奇基是一隻健全正常的貓，但和其他貓相較之下，卻有一項弱點：牠一歲時遭機車撞擊，因此少了右前腳。

當時我們住在鄉下，那裡不像城市的建築物有明確的邊界。儘管少了一隻前腳，奇基仍要捍衛自己的地盤，不許其他公貓侵門踏戶；仍要耍帥把妹；仍

要滿足自己狩獵的本能欲望；而牠因為沒有右前腳的緣故，無法用腳把耳朵的髒汙刮下來，還得想辦法舔乾淨自己的右耳背面！

要進行每天例行的搔耳背小按摩倒是很簡單：牠會來磨蹭我，直到牠滿足為止。

但在其他方面，我非常佩服奇基。因為牠從原本的四足貓生到順利用三隻腳生活，前後只花了短短兩星期；當然，是從拆掉繃帶以後開始算啦！

牠從未卡關，連一次都沒有；牠從未被障礙物、矮牆或需要翻越的柵欄困住。儘管少了一條腿後，一切都不一樣了，但牠適應能力超強，令我很是欽佩。

我花了很長一段時間觀察牠是如何辦到的。的確……是有一些細微的不同，且細微到幾乎難以發現。譬如牠奔跑的時候，不像一般貓科動物般用前腿牽引，而是像兔子一樣，靠後腿強力推進，而且速度仍然驚人！

其他的貓要是以為能因為奇基受傷而肆無忌憚在我家院子亂逛，那可是大錯特錯，因為奇基會使出只有牠才會的大絕招⋯牠不會追著那隻想來耀武揚威

貓是最好的人生教練　090

的大肥貓跑，而是一動也不動地守在院子正中央，任由對方上前挑釁。對方會圍著牠繞圈圈，然後一步步逼近。等到敵人夠靠近後，奇基會忽然像袋鼠般用後腿站立，前腳則如拳擊手般擺出預備姿勢，等著對方再靠近一些。一般的貓不太會擺出這種姿勢，這讓大肥貓看得一頭霧水。

大肥貓繼續前進，有點警戒但不疑有他。我繼續觀察，看著奇基冷靜如拳擊手般的架勢而出神⋯⋯大肥貓一進入奇基的攻擊範圍，奇基便立刻賞對方一記驚天動地的上鉤拳，把對方嚇壞了（由於只剩一隻前腳的緣故，奇基的肌肉可是練得非常精實）。等到對方驚慌失措地撤退，奇基才跟著追上去，把入侵者驅逐出境。

這過程可是看得我目瞪口呆。後來我發現，有其他貓企圖接近我們家的時候，奇基多半靠這一招就綽綽有餘⋯⋯一記迅雷不及掩耳的上鉤拳！

至於把妹，又是另一回事了。貓咪的求偶和交配前戲比較激動，但奇基踩在母貓背上時，不太有辦法保持平衡，也沒辦法像其他公貓那樣咬住母貓脖

子；幸好鄰居家的母貓對奇基很有好感，很快就明白不能用一般方式來進行。

感覺對了的時候，母貓會拉長身體、把屁股翹得高高的，一動也不動地靜靜趴在奇基面前，等待奇基一起完成繁衍大戲！

貓在許多方面的表現都比人類優越，包括適應力在內。以鄰居家的母貓來說，善解貓意的功夫更是上乘。

奇基從來不曾因為這項身體殘缺而被迫過著與以往不同的生活；沒有哪座梯子或哪棵樹難得倒牠，少了一隻前腳也不曾成為牠的阻礙。人類做得到嗎？當然可以，先別說需要花費的時間和心力更多，許多人甚至會動不動就為了比這更輕微的生理不適哀哀叫。

我們有辦法像貓這樣迅速適應變化嗎？

離開鄉下附院子的房子後，我搬到里昂市中心的舊城區。對奇基來說，這是個新環境、新的生活空間，也沒有院子了，取而代之的是晚上十一點後才恢復寧靜的一條小巷。這裡有許多工作室，工作室的門板下方大多附有能讓貓自

貓是最好的人生教練　092

由進出的貓門。這是奇基的福音，牠很快就適應了這個新環境，從小門跑出去玩。入夜後，有一半以上的時間都在抓老鼠！

說到對新環境的適應力，最後要提的是，我們依然住在里昂，如今住在船上。唯一要處理的就是得想辦法調適奇基對河面上鴨子的好奇心，不然牠很可能會直接跳進河裡。起初，身旁忽然出現這麼一大片水面，令牠有點訝異，不過呢，（果然！）不出幾天，牠便儼然一副地頭蛇之姿，大搖大擺地在制高點（船頂）漫步。牠從指揮處監控著自己的新地盤，在船上的各走道逡巡。牠還想繼續拓展地盤，於是從樓梯下船，走上岸邊的堤道散步，蹲在草叢裡，近距離直盯著緩緩靠近岸邊的迷路鴨子！

不論生理上或對環境的適應力，貓都是這方面的大師。就算牠們討厭被迫改變習慣和生活框架，仍能用各種辦法重新打造自己的舒適小空間、享受生活的各種習慣和專屬的小天地。

貓的適應能力，就是牠們極富聰明才智的鐵證。

貓的這種超強適應力從何而來？
是因為牠們熱愛生活嗎？
是因為熱愛自己的生活嗎？
還是因為熱愛自身呢？
我想三者皆是吧，船長！
人類，請向牠們看齊吧！

注：此句原文「Le chat est comme la sauce bolognaise, il retombe toujours sur ses pâtes.」為雙關語，法文「貓腳」（patte）與「麵條」（pâtes）為諧音，「retomber sur ses pattes」直譯為「以腳落地」，意指「有驚無險，安然無恙」。

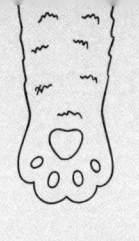

如果能將人與貓混種，人類將獲得改良，但貓族將因此敗壞。

——馬克・吐溫，美國幽默作家

18 噓！別吵醒貓，別喚醒你的壓力

「貓的沉靜是會傳染的。」

——安妮・杜柏海，法國作家

「別煩我！別吵！安靜！讓我喘口氣！」不論是誰，有時難免會想這樣脫口而出。

長期以來，耳邊盡是喧擾的噪音：車輛的喇叭聲、捷運或公車或火車車門開關的警示音、電話鈴聲、行事曆與郵件與各種應用程式的通知音效⋯⋯各種

讓人坐立難安又嘈雜的噪音，日復一日消耗著我們的精神。

「安靜」能回復貓的元氣。牠們喜歡安靜，珍惜安靜，也渴求安靜。外在的安靜有助於牠們獲得內在的平穩。人類何不如法炮製呢？

何不試著每天利用片刻時間，讓自己靜默，沉浸在絕對的安靜中，只傾聽自己內在的聲音、自己的心跳，用這種方式放大內在的平靜，培養它，維護它──簡單來說，就是要活得更好。

跟貓學學吧！只要一有機會，就設法尋求安靜。如果環境不允許，那就學貓一樣：默默離開現場，一個人獨處，去一個只有自己才知道的地方，直到內在需求獲得滿足、充飽電之後再回來。

我們確實可以承受震耳欲聾的噪音，前提是不受逼迫，它也不能踐踏我們內在的平靜、徒增無謂的壓力。

經常營造能讓自己安靜的環境，
等於時常維護能讓身心平衡的環境，
也是避免胃痛的最佳方式喔！

19 貓族祕傳識人術，從此遠離豬隊友

「從來不是人挑貓，都是貓挑你。」

——菲利普・哈格諾，法國記者作家

有件事千真萬確：貓從來不會想和很多貓或自己不喜歡的人類保持連絡。牠們精挑細選自己往來的對象，同時也對自己的選擇極其珍惜。

至於我們——這些傻乎乎的人類，為什麼要在短暫的一生中花費那麼多時間忍受難相處或價值觀與自己天差地別的人？

別再忍受豬隊友，請慎選往來對象！

為什麼人類必須基於社會規範（有時也基於懦弱），逼自己一再卑躬屈膝、擺笑臉，近乎心不甘情不願地耗費時間和精力，去維繫那麼多烏煙瘴氣的人際關係？

學學貓，審慎選擇吧！這其實是不費吹灰之力就能做到的事。

慎選自己往來的對象、投注愛情的人、共度人生的人。貓在選擇你之前，早已先考察過你的溫暖度、個性和忠誠度。如果貓願意，如果牠們覺得你對牠們現今和未來的貓生是不可或缺的，就會付出感情，並對你忠心耿耿，因為當初是貓選擇了你。

人生苦短，沒有多餘時間留給不對的人。我們不該連這樣簡單的道理都不懂。

一步一腳印，學貓過一天

休息，是為了讓心情更輕鬆愉快

貓會花整個早上到處漫步，人類何不有樣學樣？

不妨利用中午休息時間在公司外面用餐。散個步、透個氣如何？在商店櫥窗前或公園裡做做白日夢很不錯，或是在公園裡選一張順眼的長椅，在那裡吃午餐⋯⋯反正就是學貓一樣，懂得為自己找個喘息的空檔就對了。隨心所欲地隨處逛逛，走出戶外、呼吸新鮮空氣、暫停一下，踏著輕快的步伐，欣賞一下平常不曾駐足欣賞的美景！

漫遊閒逛絕對是幫助我們跳脫日常，讓自己好好做個深呼吸的最

佳途徑，也讓自己有機會發現美好新事物，甚至邂逅新朋友。

雖然不知道轉角會遇到什麼，也得先出去走走，才能遇得到！

20 你累了嗎？好好休息睡一覺

「我把貓吵醒時，牠的神情總是顯得感激，彷彿給了牠睡回籠覺的機會。」

——米榭爾・歐迪亞，法國導演

你可能聽過這句諺語：「別吵醒沉睡的貓！」（意指過去的恩怨就讓它過去，別無事生非）你看牠們，一天到晚除了睡，還是睡。沒有人不愛睡覺，有機會的話，何不讓自己睡一下呢？何不來個療癒的午覺，而不是急著處理「非洗不可」的碗盤，還堅持要立刻擦乾並收拾整齊呢？

何不向貓看齊，學會休息？只要有機會夢周公，不妨即刻投入他的懷抱，畢竟睡覺實在是很舒服的一件事，對腦袋和身體都好。看看貓，牠開始睡眼惺忪了，牠們天生擅長好好休息⋯⋯

貓是慵懶大師，牠培養的不是睡意，而是再三入睡的樂趣。睡覺是牠們熱愛的生活樂趣之一。從淺淺的睡意，進入沉沉的夢鄉，還不時在夢中奔跑。睡覺就是休息，就是享受和做夢──某些夢境確實會讓人流連忘返，甚至希望能再度造訪，說不定你也做過這樣的夢。

睡吧，走進自己的祕密小花園吧⋯⋯

🐾

好好享受睡眠吧，這絲毫不會妨礙你「享受人生」；尤其是現在，我們有時根本誤解這四個字的意思。

貓是最好的人生教練　　104

21 不要就是不要！貓教練的最強拒絕術

「我很喜歡貓。牠們很有想法，而且不會說出來。」

——尚馬利・古里奧，法國作家兼導演

貓最討厭別人命令牠。牠們根本對聽從人類的話沒興趣。

「如果想找乖乖聽話的，去找狗吧！」貓心裡總是這樣想。

貓的固執程度遠超乎想像，要讓牠們一個指令一個動作的機率微乎其微。

反觀身為人類的我們，難道就喜歡被發別人命令嗎？當然不喜歡！然而一

整天下來，不論在職場或家裡，我們不知忍受了多少次使喚，更別提那一大堆的間接指令──那些「非聽從不可」的各種社會規範。

學會說「不」，就是我們能向貓效法的指令。

別再有求必應，別再遵循不適合自己的事。別再讓自己陷入明明心裡想說「不」，最後卻總是乖乖說「好」的境地：一開始只是幫個小忙，最後卻變成一種慣例，想甩都甩不掉；一開始是職務之外的額外工作，最後卻被主管和同事視為理所當然，而且你還沒因此多領薪水……別再讓這些情況發生了。

請學著不時對孩子、配偶、老闆、同事或朋友說「不」。這不是自私，而是為了保有自己的行動自由和時間。對任何事或任何人都說「好」，你還能剩下多少時間給自己，去做自己的事、滿足自己的嗜好呢？

學會說「不」，就是不讓別人對你予取予求，就是懂得保有自己的時間、行動力和生活，同時也是懂得讓周遭的人尊重你。

我們必須在「命令」和「幫小忙」之間取得平衡。沒有誰有義務長時間幫

貓是最好的人生教練　106

別人的忙。

不要！不要就是不要！聽懂沒？

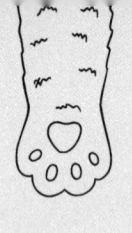

貓的座右銘：不論你幹了什麼事，一律先怪到狗的頭上就對了。

——傑夫・華爾德斯，美國影視製作人

22 貓式駕馭衝突法，就是盡量避免衝突發生

「愛貓的人會盡量避免和人起衝突。」

——安妮‧杜柏海，法國作家

除非為了捍衛自己的地盤，或為了追求理對象而讓其他來亂的傢伙知難而退，否則貓並不喜歡衝突。

你曾看過一大群貓聚集在一起，打著「領土遭入侵」或「捍衛天然資源」的幌子借題發揮，去找另一大群貓打架嗎？更別說整起事端不過是由兩隻大肥

貓挑起，還各自率領一大票軍事將領？

才沒有這種事啦！

而且隨著貓的年紀漸長，牠們更是懂得善用妙計，讓敵人不攻自退，以避免衝突。

比如奇基。有公貓闖入牠的地盤時，牠自有一套對付外來貓的方式。感受到危機出現時，牠會躲起來先按兵不動——起初，我因為在夜裡聽到牠發出低沉的巨吼（真的很嚇人）而出來察看。儘管發現有隻貓毫不遲疑地溜進花園裡，卻不見奇基的蹤影，就算喊牠的名字，牠也不出現；直到我在黑暗中觀察，才看懂了牠的戰略：牠躲在窗臺外沿的陰暗角落，藏身在幾條垂下來的藤蔓嫩枝後面，然後壓低聲音嘶吼（沒開玩笑，簡直像隻老虎），藉此威嚇入侵者「你不知道自己面對的是多大隻的傢伙」，只是牠從不真正現身。這時對方便會知道，要是不趕快離開，打起架來必然吃足苦頭。

這招幾乎次次奏效，入侵的貓都會落荒而逃，奇基則直到確定對方離開了

貓是最好的人生教練　110

自己的地盤，才從藏身處出來，繼續牠的夜巡活動。牠只有三條腿，妙計、戰略和虛張聲勢則成了牠避免衝突的利器。

貓並不愛逞凶鬥狠，只要地盤沒受到威脅，打架這件事嘛，牠們能免則免。

這是我從《孫子兵法》中讀到的訓誡，說不定兩千五百多年前，孫子也是從貓身上領悟到這層道理⋯⋯可惜現在「精明」的戰略家和軍事領袖們顯然都不讀書了⋯⋯

關於衝突，貓的處理態度十分引人深思，也讓我覺得人類千年來的干戈爭鬥多麼無事生非，然而如今動輒訴諸武力的場面卻不減反增。

衝突只會造成兩敗俱傷，這一點，貓早就知道了。

🐾

在可能的範圍內，請盡量避免衝突。

23 營造自己喜歡，且能讓身心平衡的舒適家居

「我喜歡貓，因為我喜歡我的家。而且牠們會漸漸成為我家的有形靈魂。」

——尚・考克多，法國詩人作家兼導演

貓很戀家，不論這個家是大是小，都是牠們的地盤，牠們也是唯一的王者。

某些和貓住在一起的人經常會笑著說：「不是貓住在我家，是我住在貓的家。」

貓天生喜歡當老大，喜歡「把事情分配出去」，也喜歡被伺候，且生性固執，只做自己高興做的事。因此，有時候基於對貓的愛，飼主多少會任由貓把

貓是最好的人生教練　112

牠們的需求和欲望放在人類前面。想和平共處，就得看人與貓如何約法三章。

但這裡我想說的，是貓對牠們的家和地盤所賦予的愛、關注和保護。此外，倘若你住在鄉下，即使是家貓，牠們的地盤也可能廣達三、四公頃之譜。這意思是，如果牠們出去散步了很久都還沒回家，不用大驚小怪，牠們只是在巡邏自己的「領土」罷了。

儘管如此，貓仍然戀家，就算只是小套房也一樣。因為家代表著牠們最核心的舒適圈，是牠們身心得以均衡的基本要件。

你是否曾留意過朋友家裡的情形？譬如整潔度、陳設方式、裝潢風格⋯⋯他們喜歡待在家裡嗎？還是常在外面趴趴走，只有睡覺才回家？他們是否經常邀請朋友來家裡作客？

仔細想想，你是否也覺得「家」反映了一個人的身心狀態？一個人的內心是否幸福，與如何維護和裝飾生活環境往往有直接關連。居住環境的整齊或髒亂，就彷彿是一面鏡子，直接反映出居住者的內在，甚至是他們眼中的自己。

現在，請回頭看看自己。你在家裡的感受如何？家中的牆壁和家具是什麼模樣？你在家裡是否覺得自在舒適？你喜歡邀朋友來家裡共進晚餐嗎？帶朋友回家時，你會對自己的住處感到驕傲嗎？是否有張舒適的沙發，讓你週末時能窩在上頭看電影？是否替自己營造了所有能令自己身心愉快的要素？

如同家對貓的意義，你的居所也反映了內在身心的狀態。

你的家應該是你的避風港，是休息、充電、暫時隔離外在紛擾的地方。

你的家理應是幸福的中樞，能讓你像貓一樣拓展這分幸福，讓它如同心圓般向外擴張。不論找鄰里街坊或附近商家串門子，或是夏天時在巷口的小公園清靜悠閒地讀本書。你可以像貓一樣，拓寬自己的地盤、舒適圈和安全感。

因此，你的家應該是個舒舒服服的小窩，讓你能隨時回來放鬆、照顧自己、回歸本心，並接待你喜歡的人。

貓是最好的人生教練　114

家呀,甜蜜的家!
請盡量提升你那金碧輝煌小皇宮的舒適度和美感吧!
你只會在裡面住得越來越開心。

一步一腳印，學貓過一天

想要好效率，睡午覺是不能少的

雖然貓下午至少有一半以上的時間在睡覺，可惜人類無法像牠們一樣。

不過呢，用完午餐後，你應該還有個十五分鐘到半個鐘頭，才需要回去工作。

何不試著來個十五分鐘的「微午覺」？你在這段時間所恢復的精神，將如同睡了好幾小時一樣。

事實上，越來越多企業開始施行這種做法，睡個「微午覺」後，大家的工作也因此更有效率。

這可不只是睡不睡午覺的問題，而是攸關企業的未來！要是你昨晚沒睡好，微午睡將是補眠和恢復元氣的最佳方式，如果你事先知道今晚恐怕會和朋友聚餐到很晚，也不失個養精蓄銳的好方法。

24 貓貓翻肚式信任，將帶你找到幸福

「任何人的話都不能相信。但貓就不一樣了。一旦貓允許你走進牠們的生活，就是永遠接納你了。」

——安德烈・布林克，南非作家

打從貓選擇你做為牠們生活伴侶的那一刻起，牠們就會完完整整、徹徹底底，幾近盲目地信任你。比方說，撫摸牠們的時候，牠們有時會把肚子翻出來給你看。能不能摸是一回事，但在野外的自然環境中，貓絕不會這樣露出肚子

（除非在牠們所知道的絕對安全地點），因為這種姿勢等於暴露自己的弱點，萬一需要逃命或防衛，會讓自己反應不及。

然而，經過一次又一次的撫摸、親吻和擁抱，牠們開始會窩到你身上或身旁，擺出最不可思議的姿勢，以便一而再、再而三地撒嬌、玩耍，有時甚至願意讓你摸摸牠們的肚子。這都是因為牠們對你的信任！

貓展現這種絕對信任的方式有很多種，其中某些行為是非常明顯的指標。

我們信任別人嗎？又信任到什麼程度呢？

常見的情形是，不論愛情或友情，一旦情感受挫，我們便很難再信任其他人。即便我們願意相信對方，但永遠提心吊膽，一有風吹草動，就會往壞的方向想（而且是經常），覺得事情即將對自己不利，或認定對方就要背叛自己。

這種疑神疑鬼的態度真的會對我們的人生造成負面影響。畢竟如果時時活在恐懼中，擔心不知何時會遭對方背叛，又怎麼快樂得起來呢？

找回內心平靜和生命喜悅的不二法門，就是重新學會信任，而且是如剛剛

119　24 貓貓翻肚式信任，將帶你找到幸福

所形容的「全然信任」。

但重點是要像貓一樣，不隨便把這分信任給任何人，也別三兩下就對別人掏心掏肺。

剛認識一個人時，請聽從自己的直覺，直覺絕不會欺騙你。不論是愛情或友情，一旦你覺得自己遇到了「對的人」，就別擺出戒慎恐懼的姿態，拒幸福於門外。

想要充分體驗這次降臨的幸福，其實並沒有其他選擇或管道。打開心門，放輕鬆，全然信任。

🐾

請克服恐懼，大膽去愛，並審慎交付信任。

25 貓咪 CEO 跟你想的不一樣！三分鐘換顆貓腦袋

「貓不在的時候，老鼠就跳舞了！」

——法國諺語

貓是很厲害的管理者，是最完美的老闆，因為牠們只需要監督，其他什麼事也不做。牠們以眼神為鼓勵，不必大吼大叫就有威嚴。貓只要現身就好，只消露個臉，老鼠們就不敢偷懶！

說到這裡，正好能舉個例子，事實上就是這本書的寫作過程——我就是那

隻老鼠;而奇基呢,則躺在我手邊的一疊稿紙上,用眼角餘光緊迫盯人,免得我發呆神遊到雲深不知處,這樣才能一秒不差地準時交稿。

一如先前提到的,某方面來說,在職場上當一隻貓,意味著懂得把工作交辦給其他人。這麼做既有利於工作分配和公司本身,也有利於激勵部屬培養價值感和提升自主性;另一方面,還能讓自己懂得如何表現存在感、督導、在檯面下掌控大局、帶頭做榜樣。

不論你是否身為老闆或主管,貓的態度都適用於職場。接下來就讓我再舉幾個例子吧:

- 別白白浪費力氣,請依重要性來評估工作內容,並估算完成工作需要的時間。(貓:咦,有蜘蛛?嗯,沒什麼興趣!老鼠出現我再起來好了。)

- 別一直動來動去想裝忙,這樣反而會造成其他人不必要的壓力。(貓:

- 別一直拿吸塵器在半空中揮來揮去的,我頭都暈了。)

- 必要時,要果決有效率,當下解決問題。(貓:喂,玩具、老鼠、蟑螂、貓奴,你們在搞什麼呀?站住,看你們往哪兒跑!)
- 低調不引人側目,卻永遠保持敏銳觀察力,時時關注社會上最新動態。(貓:我知道是奴才在用羽毛搔我癢啦……你敢再靠過來試試看……)
- 需要時懂得反擊,不惜親自動手。(貓:院子裡有鼩鼠入侵?立刻啟動三班制二十四小時絕地大反攻!我馬上派支援部隊過去!)
- 懂得定期和朋友喝個下午茶,蒐集情報兼維繫人際關係。(貓:地盤裡的所有崗哨我都巡過了,安全百分百,現在先別吵我睡覺。)
- 別裝忙,別人一眼就識破了!(貓:地盤裡的所有崗哨我都巡過了,安全百分百,現在先別吵我睡覺。)
- 千萬別擺出一副「我很忙」的樣子,這往往表示你做事沒效率!(貓:安啦,我很罩!嘿嘿嘿……)

如果你本身就是老闆,請像貓一樣,時時保持堅定而關懷的態度,用眼神鼓勵員工,但不要管太多。

不論是不是老闆,在工作上,你就是老大,請時時盡自己最大的努力,別故意裝忙!

> 噓，只跟你說的貓祕密

我們睡覺，是為了療癒人類受傷的心

你們人類經常說——我們貓族可是都聽在耳裡——說我們這樣整天只要睡覺就好，是不折不扣的懶惰鬼。

太陽下山後，我們仍會先睡個幾小時，是因為我們喜歡在夜間活動。你們不知道吧？因為那個時候的人類早就睡死啦！

另一方面，我們白天之所以睡這麼久，其實也和人類有關，因為睡眠能讓我們釋放為了療癒人類而從你們身上吸取的各種負能量、負面思考和磁場。這些東西可不能放任它日積月累，我們也得清理自己的精神和心靈，睡眠的作用即在於此。

此外，我們能修復不只一位家庭成員的壞心情，更能一一舒緩你們人類的負能量，但也使得我們需要的睡眠時間變得更長。如果你們夠聰明，打從一開始就養兩隻貓，牠們就能在家中分擔這項任務。但如果你的貓已經在家裡生活得很安穩了，就別在這時候再添一隻礙手礙腳的幼貓。相信我，這樣可能會讓你家裡永無寧日！

——奇基

26 學習貓的鍥而不捨，成功就不遠了

「貓如果固執己見，是故意的。」

——路易斯・弩瑟拉，法國作家

貓固執嗎？沒錯。貓鍥而不捨嗎？當然！當貓匍匐在草叢裡時，就算你喊破喉嚨，牠們也不會理你，不僅連一隻耳朵也不會轉，更不會回頭看。牠們可以這樣待上好幾個鐘頭，守在洞口等待老鼠出現。貓既有耐心又鍥而不捨，你會發現，牠們能這樣守上大半天，既不會厭膩，更不會放棄。這確實是給人類

上了一堂很棒的職場課，也是極佳的日常生活課。

這種堅持令人類不得不欽佩。牠們絕不罷休，懷著非生擒鼠輩的不可的堅強意志。貓不會去計算自己花了多少時間或有多累，反觀人類，卻經常為此功虧一簣……貓這種鍥而不捨的態度值得人類深思，也值得人們尊敬。

貓所身體力行的「絕不放棄」，有時在人類身上卻只淪為口號……還不快向貓脫「喵」（帽）敬禮！

不論從事什麼活動，都要有耐心且鍥而不捨，永不放棄。

27 聽從貓智者，謹慎過一生，零危險至上

「被燙傷過的貓，連冷水也怕！」（一朝被蛇咬，十年怕草繩）

——法國諺語

貓不是一頭熱的莽夫，過往的不愉快教訓，牠們永遠銘記在心。當牠們接近一處新地點、一輛新車，或原本環境裡的一件新物品之前，必定先花很長時間仔細觀察，並做好各種防範措施。貓不會讓自己徒然陷入險境。不論任何新事物，都必先經過牠們鉅細靡遺的檢視、嗅聞和分析。

抱持謹慎態度，顯然能讓我們避開不少麻煩、衝突和意外。儘管如此，或許是因為直覺不夠靈敏吧，自古至今人類累積知識和經驗的方式，總像是徒手抓起燒紅的木柴，才會發現好燙！這種邏輯說來真令人匪夷所思。只要別人沒教，人類就什麼也不知道。你覺得貓會走在冒著煙的火紅灰燼上嗎？

我們之中有多少人曾因沒發現自己吃到變質的食物而上吐下瀉？反觀貓，只要飼料有點乾掉走味，便嫌惡地皺鼻撇嘴，碰也不碰；在張口咬下你遞過來的那片火腿前，牠們也必然從各種角度都先嗅聞一遍。貓不太可能食物中毒，因為牠們懂得善用自己的各種感官檢查。牠們很謹慎，就算對食物也是。

人類的天性常是勇往直前的，有點魯莽，有點像什麼都得事先告誡和教導的小孩，還要大人幫他們設想好周圍有什麼危險或安全的事物。相較之下，有誰需要先告訴貓「火很燙」「掉到水裡可能會溺水」「遇到大叫的狗要盡量閃遠一點」「那些有輪子、很吵、速度很快的東西叫做汽車，有可能會撞死你們」？貓不像小孩子，牠們基於本能知道這一切，也感受得到危險。

人類的直覺本能和感官早就不如我們在草原上生活的老祖先，就連在與其他人相處上也是如此。說不定很多人在遭到他人背叛前，心裡都曾掠過「我就知道他會擺我一道」的預感。儘管這分預感是正確的，然而當心中浮現這種想法時，你可曾聽從自己的直覺？沒有。我們通常比較相信「理智」，而不那麼相信直覺。這很可惜，因為長時間下來，我們會發現直覺從來不騙人，而且它總是為了我們好，以最好的方式，引導著我們多加謹慎。

第一印象通常不會騙人。未來如果想更謹慎一點，請盡量找回你最原始的直覺本能吧！請傾聽並相信自己，你不會後悔的。

🐾

有疑慮時，就是毋庸置疑的時候。聽從你的直覺吧！

一步一腳印，學貓過一天

甜蜜的家，回到放鬆小窩囉！

現在是放鬆、撒嬌和討摸的時刻，洗衣服和未回的訊息可以晚點再處理。學貓一樣，下班後休息一下吧！沒必要拖著疲憊的身軀急忙做家事。先花半個小時悠閒地放慢腳步，放點音樂、換上居家服，讓自己舒服一下吧！

先喘口氣，再帶著愉悅的心情展開今天的下半場——屬於你自己的下半場：做自己喜歡的事或有興趣的小嗜好、打電話跟三五好友聊聊天……

在這段時間，貓唯一關切的通常是：「什麼時候放飯？」這是專

屬於牠們的快樂,因為牠們知道再過不久──而且和早上不一樣──你將會撥出時間,替牠開一小包令牠為之瘋狂的鮭魚肉凍或白魚肉泥。

下午六點三十分,不論對貓或對你而言,都是個放鬆的小時光。從這一刻起,這一天從工作轉為休閒,因此最好別把白天的疲憊或壓力,帶進晚間的舒適小天地裡。

28 大方示愛、討愛,將情感庫存裝好裝滿

「貓天生就是用來承接疼愛的。」

——斯蒂芬・馬拉美,法國詩人

我們都需要寵愛、親暱的互動、關懷、撫摸和親吻。雖然我們之中有很多人羞於表達這分需求,但是貓,對此從無半點遲疑。只要需要寵愛,牠就會來向你索討。

牠們有時需要和你膩在一起,就像我們也需要待在伴侶身旁,熱切又溫柔

地擁抱對方的身體。

　　這種對愛的需求多半意味著我們最需要的，其實是對自己的愛。佛洛伊德認為，人生的第一次創傷發生於出生時臍帶被剪斷，自懷孕以來與母親之間愛的聯繫，在生理上從此被切斷。在此之後，我們不斷試圖透過其他人的友誼或愛情重建這分情感連結；而不論情感的形式是什麼，都是為了尋覓最初的那分愛。

　　情感上越是匱乏，就越想從別人身上尋求；我們會拚命汲取以填補內心，直到滿溢為止。就像貓一樣，一旦情感獲得滿足，就會在生理上暫時離開這個情感的泉源，但之後又會再回來！

　　我們對愛的需求頻率，也取決於對自己的愛有多少。有些人非常愛撒嬌，有些人則比較疏離。每個人每天需要的「劑量」儘管不盡相同，但我們同樣需要這分溫柔、這些疼愛和情感。

　　人類渴望從配偶身上獲得這分愛，也渴望從貓身上汲取；同樣的，貓也渴

望從我們身上得到這分愛，才會撒嬌地把頭鑽進我們懷裡。牠們既汲汲取我們的愛，也把愛給予人類。這種態度和「因為舒服而撒嬌」的單純行為不太一樣，一切都是因為貓太需要這分愛，沒有它簡直就活不下去。然而一旦確保了情感和關愛的「庫存量」，牠們就會離去。

人類也一樣，需要、盼望、尋覓這分不可或缺的愛。不論在生理上或心理上，都是每個人所不可或缺的。

倘若少了愛，一如貓，一如花朵，我們將一天天變得枯萎憔悴。基於這個理由，自古至今，任何生命的核心，從來只有一個動力來源，那就是「愛」。

🐾

我們都需要愛，但得先付出愛，才能獲得愛。

這是幸福與否的先決條件。沒了愛的人生，還算是人生嗎？

貓是最好的人生教練　136

29 靜下心來，跟貓一起強化沉穩的力量

「在有貓的家裡，不需要雕像裝飾。」

——衛斯理・貝茲，加拿大藝術家

動來動去，忙東忙西，這是很多人的常態。片刻也閒不下來，以至於被捲入大都市的躁動漩渦和它所傾洩的龐大壓力，並將這些東西全部帶回家中。

才剛下班回到家，你是否就把外套隨手一扔，隨即投身堆得如山高的待洗衣物和待繳帳單之間，甚至一手拿著掃把，一手拿著抹布？

貓望著你以兩百公里的時速忙進忙出，穿梭在廚房、客廳、書房之間，想也知道，當牠們望著你的時候，心裡可是納悶不已！沒錯，很明顯的，一方面你打擾了牠們的寧靜，另一方面，牠們也忍不住懷疑你的腦子是否突然發生什麼嚴重的短路。

這時候，請拿起身邊任何一部遙控器，按下「暫停」鍵——這不是比喻，請真的按下去。好好做幾個深呼吸，平靜地吐納一番，這能讓你覺得內心輕盈許多，彷彿放下一直提在手上的沉重行李，你的臉上也將浮現笑容。透過這個舉動，透過貓片刻不離、凝視著你的目光，你會發現自己正在瞎忙，只是讓前一個上班日和下一個上班日無縫接軌，而你依然處在精神緊繃和過動的最高峰，從沒離開過。

一定有人會說「家事不能不做」，但我們還是可以等到時機對了再做，毫無壓力、輕輕鬆鬆地處理！

如果你仍堅持要事倍功半，你會發現貓站了起來，移動到另一個更安靜的

地方理毛。當牠們邁步離去時，彷彿也正在搖頭嘆氣：「沒救了，才剛回到家就壓力這麼大。我去衣櫥晃一晃，找件毛衣，在上頭躺一下好了，耳根應該能清淨一陣子。」

牠們回頭看看你，最後又喵了一聲，隨即直奔你那等會兒得再洗一次的乾淨衣物而去。這時，你將會明白，牠們的意思其實是：「對了，反正你看起來一副靜不下來，又需要發洩一下的樣子，別忘了幫我把飼料加滿，再清一下貓砂，超臭的。」

🐾

別再老是瞎忙，這樣多麼浪費精力。

學著讓自己沉穩一點吧！

僅需與貓眼神交會，
就能體會到牠眼中每一絲閃爍的光芒都是一道高深的謎，
考驗著我們這些驕傲的人類。

——賈克・羅蘭，法國作家

30 人生就是要像貓一樣，直球對決

「人無法擁有貓，是貓擁有你。」

——法蘭絲瓦・紀荷，法國作家與政治人物

貓如果想要某樣東西，牠們不會拐彎抹角，而且不達目的絕不善罷甘休。牠們的要求很嚴格，很清楚自己要什麼。如果新品牌的飼料不合胃口，絕對休想拿它蒙混過關。貓輕則拒吃，重則摔碗。這袋不合胃口的新飼料，只有永遠束之高閣的分，還是改回牠們原本習慣的牌子吧！再重申一次：貓很清楚自己

要什麼,而且絕不妥協。

同樣的,如果牠們在外面逛得正開心,你絕不可能逼牠們回家,就算牠們就躲在距離你不過兩步的花叢裡也一樣。

貓的狩獵技巧絕佳,只要盯上某個獵物,絕不會移開視線。這是貓的一大優點:固執、堅持,總是清楚知道自己要什麼,絲毫沒有討價還價的空間。

有多少次,我們為了遷就外在原因而削足適履。一如我們經常掛在嘴邊的:「雖然我不太知道自己要什麼,但至少我知道自己不要什麼。」

我覺得這句話只對了一半,且往往模糊了我們檯面下真正的渴望,讓我們以為自己無法達標、能力不足⋯⋯

「你到底想要什麼?」人人都該以最誠實的態度定期問自己這個問題。有時我們太容易只顧著滿足於旁人「想要的」事物或對我們的期待,只滿足我們「以為」適合自己的事,卻忘了那些真正能驅動內心的動力與渴望。

「你到底想要什麼?」貓對這一點可是再清楚不過,而且在生活中的每一

貓是最好的人生教練　142

刻身體力行。

知道自己想要什麼只是第一階段，第二階段則是如何實踐、如何提出要求、如何直接表達自己的意向。

法語有句俗諺說得好：「牠是貓，就叫牠『貓』。」意思是要就事論事、實話實說，別拐彎抹角，而要開門見山。

我們或多或少都有這種壞毛病，老是婉轉迂迴地表達自己想說的話，不然就是在該果決提出要求的時候扭扭捏捏，這樣其實非常折騰人。

讓事情簡單點，別害怕直來直往、就事論事、實話實說，坦率說出自己的渴望。直接一點，能讓你因此節省很多力氣和時間。

最後，貓不但清楚知道自己要什麼——牠們用自身的態度無聲宣示這種立場（人類比較幸運，還能靠開口說話表達）——而且牠們才不會點到為止，牠們一定會採取行動！

請直接一點提出要求：

「我想要，我可以，我來做！」

你應該像貓一樣，讓直接提出要求成為習慣，成為你人生的得意絕招。

31 喵喵喵！有事就開口，簡單直接不煩惱

「貓所稟持的原則似乎是『提出自己的要求並沒有什麼不好』。」

──約瑟・伍德・庫池，美國作家

一如上一篇提到的，即使釐清、理解並表達自己想要的事情後，有時我們還需要一股衝勁、一些催化劑、一點助力，才能付諸行動。

我們在工作上往往不敢求助他人，在生活中也可能對求援有顧忌。為什麼呢？或許是覺得有點丟臉、擔心遭拒絕，所以不太敢揭露自己的弱點、不太敢

提出請求，總覺得好像在乞求別人的協助⋯⋯如果是金錢周轉不靈，更讓人覺得丟臉⋯⋯我們之所以不敢求助，既是因為驕傲作祟，也是因為我們對「驕傲」有所誤解。

至於貓，肚子餓了便討飯吃，想出門散步或摸摸抱抱時就直接要求。就算你好夢正酣，牠們也不會客氣，會直接叫醒你以滿足牠們當下的需求。

同樣的，在需要的時候向身邊的人求助，對我們也有莫大的好處。最令人驚喜的是：總有人樂意幫助你！前提是，你確實發出了求救訊號。

你可能聽過這句話無數次：「你早說嘛！你當時怎麼沒開口呢？我一定會幫你的啊！」

有時候解決之道就是這麼簡單——只要開口請求就好。

貓永遠是對的！牠們很敢提要求。

貓是最好的人生教練　146

請大膽發出求救訊號!
總有人樂意伸出援手,因為你將讓他們很有成就感。

一步一腳印，學貓過一天

無論如何，晚餐都要愉快享用！

如果說，由於午休時間的限制，使得午餐有點草草了事；那麼到了晚上，你理應擁有充裕的時間寵愛自己，替自己準備一些像樣的餐點。

既然貓都能拗到讓你替牠們端上鮭魚肉凍了，沒道理你的晚餐只能靠「微波爐式要熱不熱冷凍水餃佐冰箱深處私藏乾扁乳酪絲」來打發。

一次煮多人份的菜總是比較容易些；但就算只有自己一個人，還是可以找些你愛的菜色，特地為自己準備一些做法簡單的美食。

漂亮的盤子大方拿出來用吧！用外帶用的餐盒吃飯實在是……明明還有很多令人心情愉悅的漂亮餐具可以用，何必遷就方便而忽略氣氛的營造？

就從小細節開始，讓自己快樂吧！如果你是和伴侶同住，可以一邊下廚，一邊和對方一起喝杯茶或小酒，聊聊白天遇到的事；或是故意打趣對方調味料放得不夠多、切馬鈴薯的方向不對……無傷大雅的拌嘴也是一種生活情趣。

別把下廚當成苦差事，而是忙裡偷閒的愉快時光。這麼一來，家裡的氣氛想必會改頭換面！

32 誠實不說謊，貓緣人緣都加值

「貓在情感上絕對誠實。人類也許會基於某些理由隱藏自己的感受，但貓不會。」

——海明威，美國作家

每個人或多或少都說過謊，而被我們欺騙最多次的人，莫過於自己。然而，如果我們太習慣扭曲真相，非但不會帶來多少快樂，往往還會令我們不太自在。因為，我們其實覺得這樣並不怎麼光采。

貓從來不隱瞞自己心中的想法、感受或渴望。牠們總是表裡如一。

「這樣有什麼不好呢？」貓心裡或許是這麼想的。

沒錯。看到牠們坦率的行為舉止，不免令人覺得好奇：為什麼人類無法誠實對待別人和自己呢？這明明是最簡單的一種生活模式！

誠實，就不必耍花招、不必裝腔作勢、不必為了怕說法前後不一而記住所有說過的謊言⋯⋯同樣的，用最簡單的方式生活，就不用背臺詞、不用怕牛皮吹破、不用怕自己謊話連篇的樣子遭到揭穿，更不用在態度或行為上打腫臉充胖子。

說謊很累人，說謊不被發現更累人；再說，遲早有一天，謊言終究會被拆穿，因為說謊的人越陷越深，要圓的謊越來越大，越玩越大的謊言遊戲也會因此更難維持下去；再加上為了圓謊而製造的環境不斷節外生枝，讓一切都變很複雜。

若想終結大大小小的謊言，請當個懶人，有話實說吧！請像貓一樣誠實又

透明，你將因此顯得更有魅力，更加可靠。

誠實為上。為了你，為了自己的形象，為了別人對你的信任，為了讓自己心安理得，也為了內心的自尊。

誠實為上策，百利而無一害。

33 貓式觀察法，讓你冷靜、傾聽、學更多

「就算貓能說話，牠們也不會想開口。」

——南‧波特，美國藝術家

在大自然中，除非是交配時期，不然野生的貓並不會喵喵叫。交配時，牠們會發出低沉的吼聲，以趕走競爭對手。

幼貓會靠喵喵叫來展現氣勢、讓自己獲得注意；但隨著年紀增長，牠們漸漸變得沉默。至於成貓那清亮高亢的叫聲，是專為人類而叫的。

牠們試圖和人類對話，但當然，我們什麼也聽不懂。因此，貓經常保持沉默，是為了能沉浸在自己的思緒裡、默默觀察、專心照顧自己，不再和另一隻貓或某個什麼也聽不懂的人類做無謂的爭辯。

人類在幼兒時期和幼貓一樣，都會嘰哩呱啦講個不停。然而隨著語言能力不斷增進，使得人類年紀越大越愛講話，有時甚至會說出一些亂七八糟、很明顯不經大腦的話。

貓和人類不一樣，牠們很快就進入「熟齡」，也很快就學會保持沉默。

牠們默默觀察，不論是人類的一舉一動，或是生活環境中的任何改變，貓統統看在眼裡，卻鮮少表達意見。

由於人類隨時隨地、對任何事物都想發表意見，有時反倒忽略了一項能讓我們身心愉悅的要件：學會閉嘴。

身為長舌公，我對這一點很清楚：不經大腦所說出的垃圾話，還真是一桶又一桶，桶桶相連到天邊，有時候甚至會因為說得太過火而引起誤會，或一時

貓是最好的人生教練　154

說出氣話扭曲了本意⋯⋯那明明不是我們的初衷，但後悔已來不及，未經斟酌的字句，就猶如潑出去的水，覆水難收。

學會閉嘴，是要克制自己的衝動，以避免一時的口無遮攔；是要把各種不同因素納入考量，仔細思考並評估自己的想法；是要傾聽別人的意見，而不是自己一個人滔滔不絕；是要學著不把自己的意見視為絕對必然的真理，且強迫別人接受⋯⋯

學會閉嘴，也是為了保留一點轉圜餘地和生活隱私。做人要真誠沒錯，但不論對象是誰，在任何時候把任何事都交代得一清二楚，或許不是防範長舌小人的最好辦法。

展現自己，不等於要絮絮叨叨。儘管交談有其必要，但觀察和傾聽的無言說服力，有時並不亞於雄辯。

學會保持沉默，學會不再時時刻刻想當世界的中心。
傾聽有助於學習，學會閉嘴也才能懂得一字千金的道理。

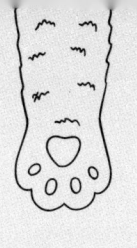

只要人能理解貓，尚且算得上文明人。

──蕭伯納，愛爾蘭劇作家

34 與貓咪看齊，做個真誠的朋友

「你夠格的話，貓可以當你的朋友，但絕不當你的奴隸。」

——迪歐菲・戈提耶，法國詩人作家

如果貓允許你踏入牠們的世界裡，牠們將成為你最講義氣的盟友，除了日日細心呵護你、喵喵喵地噓寒問暖、傾聽你發牢騷，還懂得如何安撫你、安慰你……牠們時時刻刻都會陪伴在你身旁。

而我們呢？身為人類，我們是否也總是這麼用心、這麼願意傾聽朋友們說

話呢？坦白說，儘管要建立一段交情並不容易，也往往要花許多時間，但我們有時是否仍略微怠慢了它？

沒錯，我們可以效法貓託付給我們的忠心、奉獻、溫柔和友誼，這些幾乎可以絲毫不差地應用在我們的人際關係上。

生活中的各種情境和變遷，經常有意無意地使我們和親朋好友間的連絡變得斷斷續續的。

舉個大家都很熟悉的例子：新戀情！熱戀中的情侶總是活在兩人世界裡，把身邊其他人拋到腦後數星期，甚至好幾個月……這種情況不但可以理解，也是很常見的；等到最初的激情消退，等這對情侶再次積極地與親友們重新連絡後，就會恢復正常。

然而，有時我們會有意無意地為了迎合另一半的想法而進行「人際斷捨離」，不再與那些年多來一直陪伴著我們的人連繫，全然投入新戀情。擺明了是自私自利、見色忘友的行為；對親友們來說，也無異於拋棄，甚至是背叛。

「自從他談戀愛以後，我幾乎沒再和他碰過面⋯⋯」想必我們都曾耳聞身邊的人以失落的語氣說出這句話。

關於忠誠和友誼，我們太需要向貓學習。牠們既無心機，也不計較，從相遇的第一天，直到必須分離的最後一天為止，始終陪伴在我們身旁。貓有時比人類更具人道精神，不像我們容易變得自怨自艾、顧影自憐，忘記自己早擁有許多，早知道許多。

儘管許多人歌頌愛情，然而友誼不但具備同樣強大的力量，也是一種更長久的關係，對人生提供的支持也更穩固。明明是為了迎合伴侶的要求而犧牲友誼，卻宣稱自己年紀到了，應該符合社會規範、「找個人定下來」，自願放棄重要的人際關係，這種行為簡直與算計無異，不過是一種「表面工夫」。

不意外的，你大概想像得到：這樣的人要是與戀人分手後，八成會落得孤零零的下場，因為他原來的朋友早就一一被他趕走，不會有人提供他能做為倚靠的肩膀。

貓是最好的人生教練　160

請多多經營自己的友情,
忠誠的朋友可謂人生至寶,
請學貓一樣,永遠別犧牲友誼。

35 貓派哲學就是不怕髒、不怕醜，專心做最重要的事

「不論置身華麗廳堂或簡陋屋簷，貓都不會因此改變態度。我喜歡牠這樣。」

——夏多布里昂，法國浪漫主義先驅

奇基會費盡心思把自己的毛皮梳理得優雅整齊；另一方面，對於要翻進髒得嚇人的垃圾桶裡尋牠有興趣的東西，卻也毫不在意。我由此得到一項驚人的結論：貓完全不把物質享受放在眼裡，也毫不在意自己的形象。

某位朋友養了一隻非常漂亮的白色安哥拉貓，有著一雙翡翠色的眼睛。牠經常跑出去玩，或到地下室裡打滾，而且總在玩得全身髒兮兮後走進屋子，再一屁股坐在沙發抱枕上理毛。兩種環境牠都喜歡，就算出去玩得很髒、回來時活像塊舊抹布，牠也絲毫不在意。

人類應該懂得把自己和周圍的環境及物品分開來看，不將外在事物看得太重，也別時時刻刻對自己的容貌斤斤計較。我們應該要更常向貓「不把物質享受放在眼裡」的特點看齊，才能更懂得謙虛、更能辨別真偽，也更能明瞭重要與次要的差別。

貓既不在乎物質也不在乎社會地位，牠們唯一重視的只有自己是否開心。

別人會怎麼想？別人會怎麼看我？要是別人在外面亂說什麼該怎麼辦？就像前面說過的，這些事情，貓一概會拋到九霄雲外。

當貓想做某件事或想探索新事物時，牠們心裡會怎麼想？「對，身體一定會弄髒，但那又怎樣？再清乾淨就好了嘛！至於現在……剛才那隻長尾巴的像

伙跑去哪裡了？喔，那裡，就在那堆積了厚厚一層灰的東西下面。衝啊！」

請盡情在自己最想要的時刻，好好享受自己最喜歡的事，其他的就別擔心太多了。

請別把物質看得太重，因為你一定知道這個說法：

「你所占據的東西，最後也將占據你。」

一步一腳印，學貓過一天

操勞一整天，該放鬆休息了

在「操勞」一整天後，抱枕和沙發就是貓犒賞自己和放鬆的方式。

「怎麼這時候了，人類還在書桌前拚命敲鍵盤？」貓想必覺得納悶。於是牠們跳上桌子，或是踩你的鍵盤，或是用身子磨蹭你的手和胸口，害你忍不住抗議：還不是因為要「趕進度」、要「搞定」這份文件⋯⋯

貓前來，是為了提醒我們萬物有時：工作有時、家庭有時、伴侶有時、休閒有時，伺候貓當然也有時！

現在是晚上八點半，按照貓的看法，現在早就過了「趕進度」的

時候，該「收工」了，快停下來！

儘管貓會在我的小腿和鍵盤之間來回往返無數次，並用鼻頭磨蹭螢幕邊角無數次，但通常我不會聽牠的勸。到最後，當牠在旁邊的書桌躺下來打盹時，已是晚上十點、十一點了；至於我，仍困在文字的泥淖裡，就算想再趕進度，也只是徒勞無功。

結果，我不但錯失了休閒放鬆的晚間時光，工作效率也不見得有多好……

現在，這是我必定遵守的鐵則：到了晚上，最晚九點，我一定把電腦關掉。「進度，掰啦！」

36 自然不做作,是貓族生活哲學第一條

「就我所知,所有動物之中,唯有貓,光是是從耳朵的方向、瞳孔的大小和搖甩尾巴的方式,就能看出牠的各種情緒。」

——安妮·卡里芙,法國作家

貓不玩欲擒故縱、角色扮演、模仿別人的風格這一套。當貓想親近你的時候,從不虛張聲勢或矯揉造作。不論牠們想要什麼,或有什麼要求,永遠不會扭曲自己的本性。

一如先前提到的,貓很誠實,因為這樣最簡單。所以,何必裝腔作勢、放棄做自己而去當別人呢?這樣有什麼好處?

人類往往因為缺乏自信而不敢做自己,但這樣對我們又有什麼好處?我們只是一再欺騙自己,也一再欺騙別人。最糟糕的是,我們以為面對某些情境或某種類型的人時,身上的這襲偽裝,會比內心真正的自己來得更有說服力。真的好傻好天真。

紙糊的電影布景,怎麼可能真的取代氣勢磅礡的雄偉高山或驚濤拍岸的海洋呢?

如果因為怕自己不夠格,於是編造出謊言,那麼恐懼和虛假形象注定會雙雙使我們黯淡無光、魅力盡失。

我們不是生產線製造出來的塑膠人偶,應該致力於散發出自己天生的特質,才能使我們在別人眼中顯得漂亮、有吸引力,而且很實在。

永遠別妄自菲薄。天性所呈現的是最真實的我們,既不迂迴也無捏造。懂

得在各種情況下保持自然並大方做自己,是獲得欣賞並引人矚目的最佳辦法。

不論遇到任何情況:請保持自然大方不做作!

37 寬以待己,謙以待人。
放自己一貓!

「貓並不需要依獅子的規矩過日子。」

——斯賓諾莎,荷蘭哲學家,十七世紀理性主義先驅

我們很容易用過高、甚至嚴苛的標準對待自己,簡直到了自虐的程度。力爭上游、展現最好的自己固然是好事,但能在失敗時放自己一馬,也是同等重要的。

不論工作或其他活動,並沒有人逼你時時刻刻得在所有項目拿滿分,到了

簡直快把自己逼出病來的程度。你只要盡自己最大的努力就好。

這和跟貓學習有什麼關係呢？一切盡在開頭所提到斯賓諾莎的這句名言裡。貓雖與獅子同屬貓科動物，但貓不會整天拿鞭子抽自己屁股，怪自己不成材，不像獅子一樣強大有力！貓不是，也永遠不會是森林之王，牠們甚至可能不是附近巷弄裡的貓老大！但那又如何？不當貓老大，日子就會過不下去嗎？就無法獲得快樂嗎？牠們會窮盡一生、拚命想爬上某個自己深知難以企及的地位，或想獲得一項難如登天的成就嗎？牠們會因此對自己的平凡自責不已嗎？

人生需要多一點謙虛，也需要對自己多一點接納。我們不必是最頂尖的，也能以自己為榮，或對自己的所做所為感到驕傲。你不必是皇后合唱團的主唱佛萊迪，也能享受唱歌的樂趣；你不必是現代繪畫之父塞尚，也能用手中畫筆繪出自己內心的世界。不是最頂尖的，不代表不夠好；更何況，每個人都是不一樣的個體，有需要一直拿自己跟別人比嗎？

以手邊既有的資源努力做到最好，持續進步就好！就算貓知道自己永遠不

可能變成獅子,牠們還是能照樣跑跑跳跳、狩獵、過生活。就算當不了森林之王,貓還是能當你家沙發的大王!

做事情請謙虛,對自己請寬容,但還是要有所行動。

噓，只跟你說的貓祕密

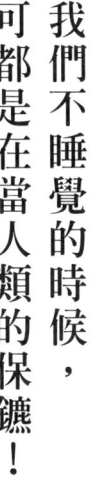

我們不睡覺的時候，可都是在當人類的保鑣！

有些人類喜歡和我們一起睡覺。不過，到了上床時間，我們卻往往只站在門口不進房。我們年紀還小的時候，確實比較不安分一點；畢竟我們夜裡不太睡覺，上了床以後自然只想玩。但只要經過幾年，我們就會變得更沉穩，所以請替我們開開門吧，我們將在你們腳邊安安靜靜地打盹。

我們之所以來到人類的床上，除了是為溫暖的枕頭和棉被而來，也是為了保護你們。

你們以為是誰不讓惡靈打擾你們一夜好夢，是誰在守護你們呢？

173 噓，只跟你說的貓祕密

黑夜中，是誰坐鎮在客廳窗邊，不讓邪靈進入家中呢？這也是我們的使命。我們陪人類一起睡覺，是為了能近距離保護你們。信不信由你，也許你們覺得這樣很玄，但⋯⋯不妨仔細想一想吧！

——奇基

38 效法貓的自得其樂，讓人生不成負擔，反成風景

「我和我的貓玩耍時，誰知道究竟是我在玩牠，還是牠在玩我？」

—— 米歇爾・德・蒙田，法國哲學家

偶爾，當我們付出昂貴代價才學到教訓時，總讓人忍不住納悶：人生是不是真的這麼嚴肅？也許是為了掩飾自己的沮喪，也或是為了從另一個角度來看待事情（例如裝了半杯水的杯子可以說「只剩半杯」，也可以說「還有半杯」之類的），人們必須懂得轉念，也可以說是「自得其樂」。

懂得自得其樂是幸福生活的一項關鍵。太嚴肅的人、要求太高的人,往往也是不懂得如何玩耍、如何放聲歡笑的人——這樣的人簡直就像有微笑障礙。

對貓來說,玩耍是生活中最主要的一項活動——狩獵也是玩耍的一種,雖然可能有時候略顯殘忍,畢竟貓可以花好幾個小時玩弄獵物,而未必一招斃命。

對於掠食者來說,這是原本就存在於大自然的遊戲;人類當然不必這樣,更何況我們可是創造了上千萬種令人發笑和獲得趣味的方法呢!

別讓歡笑離開你;不論任何事,都要能一笑置之。這意思不是要你輕浮地看待一切,而是要知道,別把自己看得太重,要懂得從高高在上的王座走下來,而不是抓住自己的社會地位或頭銜不放。比方說,我們難免會聽到有人聳聳肩,露出不可一世的表情:「你也知道,以我現在的地位,我不能……」

社會地位、個人形象、刻意塑造的假象,以及各種外在表象,其實都會妨礙我們玩樂和歡笑,讓我們像個假人僵硬不自然。

放聲大笑是人類特有的專長,別強迫自己遺忘這件事。

貓是最好的人生教練　　176

多多玩耍!什麼都玩,包括玩你自己!
時時刻刻都要玩!

39 美學貓大師親授，自在接納自己的樣貌

「世上有些美貌非筆墨所能形容。貓的美，即在此列。」

—— 路易斯・弩瑟拉，法國作家

貓很漂亮，既帥又美，每一隻都是。這點其實滿驚人的，因為除非完全缺乏照料，或是又老又病，不然我們很難遇到醜貓。從呱呱墜地開始，貓一直漂亮到老死，而且不太會在身上留下歲月痕跡。貓會因年老出現皺紋嗎？貓會因為年化而掉髮嗎？反觀人類，為什麼我們的外貌會凋零得這麼嚴重？

人類在這方面真有比其他動物優越嗎？

貓很漂亮。牠們時時刻刻展現出來的滿滿自信，或許有部分和這項事實有關，但這對貓來說一點也不重要。牠們對自己的美毫無概念；或者說，牠們根本沒有「美」「醜」的概念。

是不是覺得貓的生活好輕鬆呢？

對我們這些脆弱的人類來說，外表的美醜往往決定了自信的程度，甚至影響我們對幸福的態度。儘管我們大可四兩撥千斤地說：「內在美才重要啦！」但事實你知我知，光有內涵是不夠的，大家對此也都心知肚明。

在美貌和優雅這方面，大自然法則無法做到人人平等，有些人就是得天獨厚。雖然很不願意這樣說，但令人忍不住駐足欣賞的俊男美女，與就連多看一眼都懶得的路人，兩者間還是有落差的。這段落差，需要我們學習調適，好讓待在身體裡的靈魂能盡量自在，比方說，透過氣質的培養和穿著打扮的練習以縮小差距。

如前面所提到的,目標不在於讓自己「看起來」符合別人的期待,而是讓整個人覺得自在,讓腦袋自在,讓全身上下都自在。

說穿了,美醜的標準其實只有一種,也只由一位立場偏頗的評審負責判斷(除非他依照的不是自己的標準)：就是你,就是鏡子裡的你,如此而已。

如果能發自內心地覺得鏡裡的自己很帥、很美,那麼你的魅力、光環,乃至於吸引力,都只會有增無減。

事實上,覺得自己很美是非常重要的,甚至可說是最關鍵的,而且也不是根據什麼隨隨便便的標準才這麼說。如果一味追求符合外在潮流的審美和標準,或是一心以時尚雜誌的封面人物為目標,立志要瘦出巴掌臉、螞蟻腰和竹竿腿,等於是在告訴其他人：「我想徹底拋棄現在的自己,既不想接納自己,也不愛自己。」如果你只想被虛假偽裝團團包圍,又怎能奢望得到真誠的愛?

與生俱來的模樣就是美,善於改進的就是美。

至於妥協得來的、硬充場面的,都不是美。

這就是魅力十足的訣竅。

一步一腳印，學貓過一天

神遊夢境，與老鼠下盤棋

今天很漫長，也許很累人，終於到了數老鼠的時間了（數綿羊也可以），還有什麼比床上軟綿綿的被子更能療癒各種精神或生理上的不適？這時候，貓來了，來找你一起睡覺！

一如先前偷窺到的貓祕密，請思考一下，牠們之所以想窩在你身旁或睡在你肚子上，或許不是沒有原因。

你聽說過「貓呼嚕療法」嗎？或者是貓本能地躺在你疲憊或生病的部位所帶來的益處？越來越多研究發現，貓具有療癒人類的天分。

何不趁著和牠們一起睡覺的機會，多接收一點療癒能量呢？這可是牠

們夢寐以求的事喔！

此外，當你在清晨時分從熟睡中醒來時，你會發現：為了讓你好好睡覺，貓會跑去窩在床尾，只為了仍能睡在你身邊。

儘管我們有很多事需要向貓學習，但事實上，不論是男是女，人類有一點和貓幾乎一模一樣，就如同黎巴嫩諺語所說：「在貓的夢境中，到處是老鼠！」

晚安！

40 來當一回貓，人生好自在

「貓只做當下的自己，這是形容牠最貼切的語詞。」

——路易斯・弩瑟拉，法國作家

在一生之中，令人困窘不自在的情境可說不在少數。儘管隨著歲月增長，我們越來越有自信，也越來越容易克服這類麻煩的情況，但不自在的情境仍在所難免。

之所以覺得不自在，常常是因為認為自己「不夠格」或「配不上」當下的

環境，比方說，別人的稱讚、感謝，或是公開表揚。然而，「不夠格」是和誰比較而來的？「配不上」是跟什麼比？

當然，既是跟別人比，也是跟我們所披上的形象相比。

你是否曾看過貓感到不自在的樣子？應該從來沒有吧！我們甚至可以說，「不自在」是一種幾乎只會出現在人類身上的感受，更別說拿它來形容貓了。

貓從來不會感受到人類所謂的不自在，因為正如本書不斷提到的，貓並不打算捍衛任何形象——貓就是貓。因此，牠們的態度總是坦蕩蕩，不會因為對自己的性格或能力有所隱瞞而心生猶疑。事實上，在某些情境下，這層隱瞞才是導致窘迫不自在的原因⋯會不會遭人揭穿、戳破？事前已經誇下海口，要是做不到的話，會不會破壞自己在別人眼中的形象？

這是一種如同被逼到牆角般的不自在——卡在自己說過的大話與實際狀況之間，動彈不得。牛皮吹得越大，牆角的空間就越小，不自在的感覺也越深。

看看周遭那些說謊不打草稿的人，要是哪天被揭穿了謊言，還不知道他們的內

心要如何調適呢!

當我們覺得自己不夠格時,也會感到不自在。這和自信有關,正如前面提到的,即使對自己的先天條件沒有把握、自信不足,仍可以靠後天培養加強,而貓正是來引導你、協助你走上這條學習道路的救星。

如果想要隨時隨地感到自在,必須先誠實面對自己和他人,而不是只在意自己在別人眼中的形象。如果我們能好好遵循貓教導我們的原則,大可不用擔心,因為我們的形象必然是正面的!

🐾

你能隨時隨地都感到自在嗎?好難呀!

這樣你就知道,貓真的很厲害。

41 像貓一樣用心聆聽，伸出援手撫慰他人

「全世界唯一懂我的人，是我的貓。」

——蒂安娜・龔提耶，法國作家

家裡有貓的人就知道：貓絕對願意聽你說話。我們有辦法對別人這麼好嗎？有辦法這麼全心全意傾聽嗎？有辦法像貓看著我們那樣，對別人這麼有同理心嗎？

不得不承認，和貓一比，人類在這方面實在很無力。就算我們使盡了洪荒

之力，有時還是很難真誠地傾聽對方的煩惱，因為光是我們自己的煩惱，就已經多到消化不完了，實在很難再設身處地替對方著想。

貓天生有一種力量，並對人類保有關懷之情：就算我們不說，牠們也感受得到我們內心的憂愁，並展現保護和解憂的態度，一邊透過眼神反覆對人類說「一切終將過去」，一邊填補我們的情感空虛。

同理心和傾聽，這正是人類該向貓多多學習的部分。因為我們往往只看到自己眼前的困境，卻不太懂得對別人伸出援手，也不太懂得細心傾聽。

儘管難以察覺，但當我們傾聽時，既是施，也是受。

🐾

先懂得傾聽別人，才能被別人傾聽；
先懂得給予，才能有所收穫。

貓睜開雙眼,陽光進入牠眼裡。
貓閉上雙眼,陽光留在牠眼裡。
這就是為什麼晚上當貓醒來時,我在漆黑中看到兩道陽光。

──莫里斯・卡雷姆,比利時法語詩人

結語

藉由貓特質，取回你的人生主導權

向貓學習如何過生活吧！

和貓一起生活的人，大多會羨慕貓的生活方式；除了覺得貓總是過得幸福快樂，並嚮往能把貓的行為和生活哲學，一併應用在自己的人生中，希望能跟隨貓的腳步，學牠們一樣，只做能替內心帶來平靜、愉悅、喜樂和玩興的事，並懂得擺脫生活中所有沉重的事物，又不至於引發更多問題。

這其實是個很美麗的夢想，也是人人都能實現的夢想，只是要花點時間，將貓的行為舉止應用在我們面對自尊、人際關係和分辨輕重緩急的能力上。

貓天生懂得如何充分享受生活。關於這方面的知識，難以靠鑽研哲學論述獲得，還得向貓多多觀摩與學習；但畢竟牠們無法言傳，只能透過以身作則，把這項知識傳授給人類。請從與貓共度的生活中獲得啟發吧！不論是處理人際關係、抒解壓力、學會放手，乃至於重拾自信。本書所談到的四十種貓特質，可應用於許多人生課題上；而這些貓特質也可說是一把把鑰匙，能讓人類取回有時從指縫中溜走的人生主導權。

如果你不曾和貓生活過，也許會覺得訝異：這麼一團毛茸茸的小東西，裡頭居然蘊藏著這麼多本領、能力、智慧和日常生活的妙招。如果你因此想找一隻貓在生活中作伴，那麼我保證，你們日後所建立的情感交流，將讓你不後悔做出這個決定。

從今天起，就學貓一樣，把人生用來追求身心愉悅和快樂吧！

所以呢？你要做一回小貓咪，還是貓老大？

「小孩子才做選擇，我全都要！」貓這樣回答。

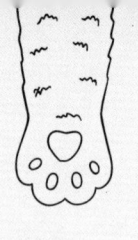

見到貓如此聰穎,便不禁再度悲傷地想著人類的見識有多狹隘。誰知道貓的智力能發展到多高的境界呢?

——E・T・A・霍夫曼,普魯士浪漫主義作家、作曲家

噓，只跟你說的貓祕密

貓族智慧大放送，走過路過不要錯過！

我家剷屎官的腦筋實在不怎麼靈光，有時候甚至到了遲鈍的地步。喵的，真是累死我也！但我還是滿喜歡他的，在一起生活十二年多了，雖不到盡善盡美，但他多少還是有點進步！

希望他和你們分享的貓族生活訣竅，能幫助大家過得更好——重點是能變得更幸福、更快樂！

原本我還想再傳授一些祕訣給他，好讓他能用人類的方式告訴你們，但他畢竟有時會視而不見、左耳進右耳出。不過呢，我相信懂的人就懂：人類和貓族的差別，在於我們把一切統統看在眼裡。

打從古埃及時代起——甚至更早以前——直至今日，我們一直陪伴著人類，提供協助，進而因為貓族的智慧受到人類的崇敬膜拜。如今，這件事已漸漸被人淡忘。

希望這本書能對各位有所幫助，希望你們的視野能一天比一天寬廣清晰。

親愛的人類，在有我們貓族相伴的人生中，祝你們好上加好。

——奇基

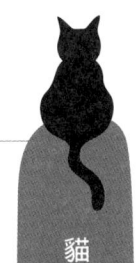

貓咪指數隨堂測驗

挑戰人類極限！
你能成功當一隻貓嗎？

請回答以下題目，依自己目前的情況回答即可。
1 是最低，5 是最高，要誠實作答喔！

01 我覺得自己的生活很自由。
1
2
3
4
5

02 我覺得自己很有魅力。
1
2
3
4
5

03 我經常能保持平靜。
1　2　3　4　5

04 在人際關係方面，我多半能表達自己的主張。
1　2　3　4　5

05 我覺得自己是個有智慧、懂得後退一步看大局的人。
1　2　3　4　5

06 我懂得為自己著想、照顧自己。
1　2　3　4　5

07 我能接納現在的自己（包括既有的優點和缺點）。
1　2　3　4　5

08 我喜歡自己。
1　2　3　4　5

09 我是個自尊心強、比較驕傲的人。
1　2　3　4　5

10 和其他人在一起時，我多半是眾人的焦點。
1　2　3　4　5

11 我不在意別人的批評。
1　2　3　4　5

12 我是個有好奇心的人。
1　2　3　4　5

13 我很獨立。
1　2　3　4　5

14 我對自己有自信。
1　2　3　4　5

15 我會把工作分派出去，尋求別人的協助。
1　2　3　4　5

16 我會花時間享受生活。
1　2　3　4　5

17 我是個容易適應變化的人。
1　2　3　4　5

18 我經常需要尋求平靜。
1　2　3　4　5

19 我平日往來的對象、人際關係大多是自己選擇的。
1　2　3　4　5

20 需要休息時，我懂得適度休息。
1　2　3　4　5

貓是最好的人生教練　198

㉑ 我懂得適時說「不」。
1　2　3　4　5

㉒ 我會盡量避免衝突。
1　2　3　4　5

㉓ 我戀家，喜歡自己目前的居住環境。
1　2　3　4　5

㉔ 我完全信任身邊的人們。
1　2　3　4　5

㉕ 我覺得自己有領袖氣質。
1　2　3　4　5

㉖ 我是個鍥而不捨、固執、堅持的人。
1　2　3　4　5

㉗ 大致上來說，我是個謹慎的人。
1 2 3 4 5

㉘ 我很需要被愛。
1 2 3 4 5

㉙ 大致上來說，我是個沉穩的人。
1 2 3 4 5

㉚ 大致上來說，我很清楚自己的人生要什麼。
1 2 3 4 5

㉛ 需要時，我能勇於向他人求助。
1 2 3 4 5

㉜ 大致上來說，我覺得自己是個誠實的人。
1 2 3 4 5

㉝ 一般而言，我通常會沉默地觀察當下的情況。
1　2　3　4　5

㉞ 我對友誼十分忠誠。
1　2　3　4　5

㉟ 我能完全拋棄自己建立的形象和身邊的財物。
1　2　3　4　5

㊱ 我是個坦率、自然的人。
1　2　3　4　5

㊲ 我是個謙虛的人。
1　2　3　4　5

㊳ 我是個能自得其樂的人。
1　2　3　4　5

㊴ 當我看著鏡子時，會覺得自己「好看」。

1 2 3 4 5

㊵ 我隨時隨地都很自在。

1 2 3 4 5

㊶ 我懂得傾聽，懂得設身處地替別人著想。

1 2 3 4 5

請計算自己的回答：

回答1和2的數量：＿＿＿＿

回答3的數量：＿＿＿＿

回答4和5的數量：＿＿＿＿

貓咪指數隨堂測驗結果

請向喵星人學習思考和行動之道吧，那將是快樂人生的終極祕密──但對某些人來說，可能還需要經過一番努力。

來看看貓咪指數測驗結果吧：

回答 1 和 2 最多：趕快養一隻貓吧！由於貓的生活哲學能教導我們許多事情，所以請亦步亦趨地跟著他們，好讓貓助我們一臂之力，讓自己過得更好。

回答 3 最多：你正處在幼貓階段。方向是正確的，只需要多加把勁，就能成為獨當一面的成熟貓咪！

回答 4 和 5 最多：恭喜！你已經成功轉化，儼然是隻不折不扣的貓！

現在，請一一回顧測驗中的每一道題目，凡是回答 1 至 3 的問題，都值得你多花點時間思考，以便在貓的協助下，漸漸改進某些習慣和不足。

這些題目在在指出貓與生俱來的能力、天賦和本領，也陸續在本書中一一詳細說明。現在，只需要你細心應用在生活上，就能讓人生更平靜愜意！

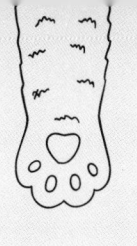

既然我們蒙賜的人生都只有一回，何不與貓共度此生？

——勞伯・史特恩斯，美國作家兼音樂家

www.booklife.com.tw　　　　　　　　　reader@mail.eurasian.com.tw

第一本　127

貓是最好的人生教練
——掌握貓特質，讓你活得自信、自由、自在

作　　者／史蒂芬・嘉涅（Stéphane Garnier）
譯　　者／梁若瑜
發 行 人／簡志忠
出 版 者／究竟出版社股份有限公司
地　　址／臺北市南京東路四段50號6樓之1
電　　話／（02）2579-6600・2579-8800・2570-3939
傳　　真／（02）2579-0338・2577-3220・2570-3636
副 社 長／陳秋月
副總編輯／賴良珠
責任編輯／林雅萩
校　　對／林雅萩・歐玟秀
美術編輯／林韋伶
行銷企畫／陳禹伶・鄭曉薇
印務統籌／劉鳳剛・高榮祥
監　　印／高榮祥
排　　版／杜易蓉
經 銷 商／叩應股份有限公司
郵撥帳號／18707239
法律顧問／圓神出版事業機構法律顧問　蕭雄淋律師
印　　刷／祥峰印刷廠
2025年3月　初版
2025年9月　10刷

※本書為改版書，曾以《我也來做一回貓》為名出版
AGIR ET PENSER COMME UN CHAT by Stéphane Garnier
© Éditions de l'Opportun 2017
Published by special arrangement with Les Éditions de l'Opportun in conjunction
with their duly appointed agent 2 Seas Literary Agency and co-agent The Artemis Agency
Complex Chinese translation copyright © 2025
by Athena Press, an imprint of Eurasian Publishing Group
All Rights Reserved

定價 300 元　　　　ISBN 978-986-137-472-7　　　　版權所有・翻印必究
◎本書如有缺頁、破損、裝訂錯誤，請寄回本公司調換　　　　Printed in Taiwan

為別人著想並不是壞事,而且是很體貼的行為。
但如果是建立在自己的一味忍讓之上,
就只會徒增自己的痛苦。
無法體貼自己的人,也無法體貼他人;
即使能一時壓抑自己,這種體貼也無法長久。
首先要對自己體貼,將自己擺在第一位。

——小泉健一,《以阿德勒為人生教練的一年》

◆ 很喜歡這本書,很想要分享

圓神書活網線上提供團購優惠,
或洽讀者服務部 02-2579-6600。

◆ 美好生活的提案家,期待為你服務

圓神書活網 www.Booklife.com.tw
非會員歡迎體驗優惠,會員獨享累計福利!

國家圖書館出版品預行編目資料

貓是最好的人生教練:掌握貓特質,讓你活得自信、自由、
自在 / 史蒂芬・嘉涅(Stéphane Garnier)著;梁若瑜 譯.
-- 初版 . -- 臺北市:究竟出版社股份有限公司,2025.3
208 面;14.8×20.8 公分 -- 第一本;127)

譯自:Agir et penser comme un chat
ISBN 978-986-137-472-7(平裝)

1.CST:人生哲學　2.CST:貓　3.CST:動物行為

191.9　　　　　　　　　　　　　　　114000170